두 바퀴로 구르는 삶

2008 자전거 여행

두 바퀴로 구르는 삶

『두 바퀴로 구르는 삶』 – 자전거 여행을 내면서

떠남, 그 시작!

가슴이 답답했다. 바람을 가르면서 달리다보면 답답한 가슴이 조금은 나아질 것 같았다. 어디론가 무작정 떠나고 싶었다. 나는 떠나야했다. 아니 떠날 수 밖에 없었다. 처음엔 천안을 첫 목적지로 정한 다음 충청도 지방을 돌아볼 생각으로 준비를 했다. 그런데 내 계획을 알게 된 주변사람들이 고성에서부터 포항까지 국도 7호선을 함께 달려보는 것이 어떠하냐고 했다. 탁 트인 동해바다를 보면서 아름다운 동해안을 달리는 것이, 충청도만 돌아다니는 것보다 나은 생각같았고 좋은 여행지라는 생각이 들었지만 그런 의견을 냈던 사람들은 길게 시간을 낼 수 없어서 결국 무산되고 말았다. 그러다보니 떠나려고 생각했던 날에 출발하지도 못했다. 그러는 과정에서 충청도를 돌아보려던 생각은 어느새 전국을 한번 돌아보자는 것으로 바뀌어 있었다.

올 가을 자전거로 유럽을 함께 여행을 했던 인천의 자전거 동호회회원들이 거제도를 함께 돌아 보자고도 했지만 거제도만 달려서는 내 가슴 답답함이 풀릴 것 같지 않아 함께 하지 못했다.

그리고 나 혼자 천안을 향하여 출발할 계획을 세웠다. 정해진 것은 아무것도 없었다. 계획된 일정도 없었고 반드시 찾아가야 하는 목적지도 없이 그렇게 출발부터 서둘렀다. 그때그때 마음 내키는 대로 일정을 정하고 목적지도 정하면 될 것이었다. 내 일정에 큰 무리만 안 된다면 11월 14일과 17일 사이에 거제도에서 인천 자전거 동호회 이소희 본부장과 회원들을 만나 함께 달려보자는 약속을 했을 뿐이었다. 그렇게 떠나는 순간까지 나도 내가 어디로 갈지 알 수 없는 여행의 시작이었다.

짐을 싸는 것은 또 어떠했던가? 꼭 필요한 것만 가져간다는 생각을 하면서 챙겼는데도 생각보다 짐이 많아졌다. 옷을 챙기는 일도 구구했고, 무엇을 어느 정도 갖추어야 제대로 준비하는 것인지 알 수 없어 우왕좌왕하였다. 그렇게 준비물을 챙기는 것에서도 고민이 많았다. 짐을 싸놓고 보니 가볍게 떠나고 싶었던 마음과는 달리 자전거 뒷바퀴에 짐을 실을 수 있도록 보조석까지 매달아야했다. 그 보조석 위에 가방을 싣고 연습을 해보니 뒤쪽이 흔들거려 불편했다. 넣었다 빼냈다 하면서 다시 줄이고 줄인 짐이 13kg이나 되었다. 어쩌면 이 짐이 내 발목을 붙잡을지도 모른다는 생각이 들었다.

그렇게 떠나려고 마음먹었다. 잠시만, 아주 잠시만 모든 것을 잊자고 다짐했다. 어쩔 수 없는 지금 내 상황을 잊고 아주 잠시만 바람처럼 그렇게 떠돌다 돌아오자고 마음먹었다. 아내에게도 미안하고 아이들에게는 더 미안했지만 이곳에 남아 있다가는 내가 미쳐버릴 것만 같았다. 멍청해져버리는 것 같은 느낌도 참을 수 있었고, 옭아매는 경제적 압박도 참을 수 있었지만, 아무 것도 할 수 없는 무기력함만큼은 견딜 수 없었다.

이렇게 떠나는 것이 얼마나 비겁한 것인지도 알았고, 떠나는 것이 아니라 그건 도망치는 것일 수도 있다는 것도 알았지만 그래도 가고 싶었다. 무엇인가 하지 않으면 미쳐버릴 것 같은 마음은 답답해 터져버릴 것만 같은 가슴을 더 이상 안을 힘이 없었다.

그래서 난 페달을 있는 힘껏 밟을 생각이었다.

● 2008년 11월 6일 (하남 감이동– 천안 신방동: 108km)

출발!

⬆ 길을 가다가 잠시 멈추다

마음이 무거운데도 철부지처럼 떠난다는 것에 설레었다.

혼자 나서는 길이라 일찍 출발할 생각이었는데 떠나려고 보니 곳곳에서 내 삶의 엉성함이 드러났다. 내가 없는 동안 아내와 친구 안기성씨에게 사무실과 창고를 드나들며 보살펴달라고 부탁은 해 놓았지만 막상 떠나려니 이곳저곳 돌봐야할 곳이 한두 군데가 아니었다. 자잘한 손길을 필요로 하는 창고 구석구석을 돌아보며 마무리를 하고, 마천동 덤스포츠 김이사(내가 다녔던 검도장 사범이자 관장)가게에 들렀다. 이번에 가져갈 옷을 이곳에서 맞췄는데 어제 입어보니 조금 작은 듯하여 고쳐주기로 했기 때문이었다.

첫날이라서 내가 얼마나 달릴 수 있는지 알 수도 없고, 아픈 다리와 무릎이 얼마나 견딜 수 있을지도 몰라 첫 목적지를 천안으로 정했다. 대충 알아본 거리는 94~5km 정도였다. 그 정도 거리라면 충분히 갈 수 있겠다는 생각이 들었지만, 행여 무리가 되는 것은 아닐까 싶어 오늘은 1번 국도를 주로 달리자는 생각을 하며 출발했다. 길을 헤매게 되면 계획보다 먼 길을 가야할지 몰라 가장 안전한 길이면서 거리가 짧은 길이 1번 국도라는 생각이었기 때문이다.

자전거에 올라앉는 순간엔 모든 것을 잊고 싶었다. 그리고 그 찰나에 충실했다. 하지만 무엇인가 알 수 없는 것이 가슴을 치받으며 솟구쳐 오르는 것을 느꼈다. 그리고 한줄기 섬광 같은 전율이 온 몸을 휘감더니 눈물이 나려고 했다. 모든 것을 다 잊을 수는 없었다. 무엇보다 우리 아이들의 해맑은 눈동자가 제일 먼저 떠올랐다. 그 순간 나는 내가 비겁하다는 것을 알았다. 어떤 이유를 대며 변명을 해도 난 무책임한 아버지일 뿐이었다. 가족에 대한 무책임 때문에 이 여행 끝에서 스스로를 용서할 수 있을지 자신이 없었다.

이렇게 떠나는 것이 분명 비겁한 것인지 알지만, 그래도 떠나는 그 순간만큼은 그런 생각조차 하고 싶지 않았는데…….

분당으로 가면 길이 좀 더 빠를 것이라는 김전무의 말을 들으며 덤 스포츠에서 나와 마천동 길을 따라 달렸다. 후배가 운영하는 카센터 앞을 지날 때 가게 밖에 나와 있던 상진이가 나를 보고 깍듯한 배웅 인사를 했다. 내가 떠나는 이유를 대충 알고 있는 후배의 인사가 가슴을 따뜻하게 했다.

성남 방향으로 길을 잡고 모란시장을 거쳐 분당초입에 다다랐는데 판교에 있는 김원숙씨 꽃가게가 생각나 전화를 했더니 지방에 나가있었다. 그래서 꽃가게 찾아가는 것을 포기하고 용달기사에게 길을 묻고 달렸더니 그 길이 생각지도 않게 꽃가게 에덴동산을 가까이 지나가는 길이었다. 원숙씨 동생에게 시원한 물 한 잔을 얻어 마시고 바로 나와 동수원 방향의 신갈 쪽으로 달렸다. 이 길은 옛날에 차로 많이 다녔던

세상은 나와 무관하게 조용하고 아름다웠다

길인데도 너무 많이 바뀌어서 낯선 구간이 자주 나타났다.

용인에 있는 민속촌 이정표가 보일 땐 그곳으로 가고 싶기도 했지만, 너무 멀게 느껴지고 첫날이라서 목적지로 가는 길을 많이 벗어날 엄두가 나지 않아 그만 두었다. 기흥에서 47번 지방도로를 타고 달리다가 오산에서부터 1번 국도를 만났다. 평택에서는 자칫 잘못해서 안성으로 들어가는 실수를 할 뻔하였지만 무사히 천안까지 도착했다.

천안에 도착하니 오후 5시가 조금 못 되었다. 생각보다 일찍 도착한 것이다. 우선 중앙시장에 들러 시장 구경을 했다. 천안에서 제일 큰 재래시장인 이곳도 다른 곳의 재래시장처럼 잘 정돈되어 있었지만, 옛날 시골 5일장을 들렀을 때 느껴지는 구수한 맛은 적었다. 하지만 역시 시장답게 왁자지껄한 여러 소리들 때문에 사람 사는 냄새가 났다.

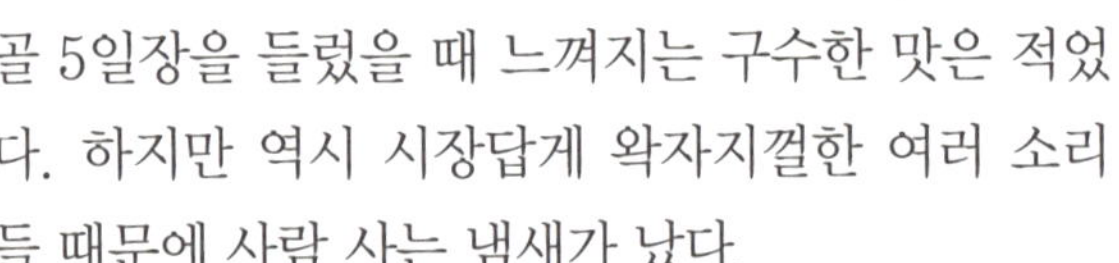

들판에서는 볏짚만 보였다

시장 통로 한가운데에 노점 상인들을 위한 공간을 확보해 주어서, 훨씬 안정된 상태에서 장사를 할 수 있게 되어 상인들은 좋을 것 같았다. 그러나 나는 재래시장에 가면 무질서한 것처럼 보이면서도 그 속에 존재하는 그들만의 질서를 따라 움직이며 물건을 사거나 구경하는 것을 더 좋아하는데 아쉬웠다.

이런 시장 구경을 유별나게 좋아하는 나 같은 사람이야 재래시장이 변하지 않았으면 좋겠지만, 대형할인마트에 손님을 다 빼앗기고 생계마저 걱정해야 한다는 그들의 속내를 알고 보면 이런 변화가 오히려 다행이란 생각이 들기도 한다.

시장에서 '생활의 달인'이라는 프로그램에 출연하여 그 솜씨를 뽐냈다는, 달인이 만드는 호떡

재래시장은 흥겨움이 있어야 정답다

호떡을 굽는 달인

대통령 방문 기념 현수막

을 사먹으면서 배고픔을 달래기도 하고 엿장수가 가위로 엿 치는 흥겨운 소리도 들었다.

시장에는 이런 소리들이 있어야 정겹다. 진열대 위에 가지런히 놓여진 채 팔려나가기를 기다리는 대형할인마트에는 이런 흥겨움이 없어 삭막하다. 그런데도 나는 편리함과 시간에 쫓겨 어쩔 수 없이 E마트를 자주 이용하게 된다. 그건 현대사회를 살아가는 삶의 속성 탓으로 내 의지와는 무관하다.

시장 천장에는 이명박 대통령이 방문했음을 기념하는 현수막이 높다랗게 걸려있었다. 아마도 그에게 거는 기대 역시 그만큼 높을 것이리라.

평소에는 작은 배낭만 달랑 매고 서울 시내를 달렸었는데. 오늘은 13㎏이나 되는 짐이 짐실이에서 이리저리 흔들거려 나를 힘들게 했다. 다리는 뻐근하고 온몸의 근육은 경직이 되어 피로가 한꺼번에 밀려왔다. 짐을 본 친구는 왜 이렇게 짐이 많으냐면서 짐을 줄려야 여행에 성공할 수 있을 것이란다. 나도 이 짐 때문에 어쩌면 오늘 목표했던 천안까지 못 올수도 있다는 불안함이 들기도 했었다.

저녁에 가방을 풀고 다시 짐을 정리한 후 이번에는 배낭으로 바꿨다. 그리고 자전거에 짐을 싣기 위해 설치한 짐실이를 떼어 냈다. 짐은 줄었지만 배낭 무게가 가방보다 무거워 결국 무게는 하나도 줄어들지 않았다.

●2008년 11월 7일 (신방동-아산 현충사-외암민속마을-신방동: 78㎞)

옛사람의 향기를 맡다

현충사

아직 여행을 어떻게 해야겠다는 계획을 완전하게 세우지 못해서, 이틀 정도는 천안 주변을 돌아보면서 내 체력도 점검해 보고 미흡한 계획도 보충할 생각이었다.

그래서 오늘은 아산 현충사를 찾아가기로 했다. 3년 전 우연히 들렀던 현충사에서는 이순신 장군을 기리는 축제가 열리고 있었다. 축제도 즐겁게 보았지만 그때 아주 인상 깊었던 것이 현충사에서 현충교 다리로 이어지는 은행나무 가로수 길이었다. 우람한 은행나무가 노랗게 물들 때 한번 꼭 찾아오고 싶었던 길이었다.

숙소에서 나와 21번 국도를 타고 가다보니 오른쪽으로 천안아산고속철도역으로 가는 길이 보였다. 그곳에서부터 야트막한 오르막을 오른 후 선문대학교로 가는 길을 따라 우회전을 해 선문대를 통과했다.

선문대 서문에서 우회전을 한 후 노점상에게 길을 물었더니 좌회전을 해야 한단다. 자전거를 돌려 길을 가는데 한창 공사 중이었다.

이곳은 거대기업 삼성이 자리 잡고 있는 아산 탕정 지구로, 삼성에서 짓는 아파트는 거의 완공단계에 있었지만 길은 아직도 공사가 한창이었

홍살문
이순신장군 영정

다.

현충사에서는 가을 단풍행사가 진행되고 있었다. 우선 자전거를 나무에 매어 놓고 현충사 안을 느긋하게 구경했다. 화사한 꽃이 활짝 피고 축제가 열렸던 봄철과는 전혀 다르게 고즈넉했다. 하지만 사당에 걸려 있는 장군의 초상화에서 느껴지는 위엄은 여전했다.

시대를, 삶을 살아가는 방법이 어쩌면 이렇게도 다를까? 내가 감히 장군의 삶과 내 삶을 비교하며 비슷하기를 욕심내는 것은 아니지만 잠시 버거워진 내 삶이 너무 안타까웠다.

한참 관람을 하다가 핸드폰을 자전거에 매달아 놓고 온 생각이 나서 급히 주차장으로 달려갔더니 그대로 있었다. 도대체 정신을 어디 두고 다니는지 모르겠다. 행사장에 가서 애들에게 기념으로 줄 단풍잎을 골라 코팅을 한 후 은행나무가 노랗게 물든 길을 사진 찍으려고 현충사를 나왔다. 노란 은행나무들이 터널을 이룬 아름다운 모습을 카메라에 담으려는 사람들이 여기저기 많이 나와 있었다. 나도 그들 사이에 끼어 사진 찍을 틈을 노리다가 잽싸게 길 한가운데까지 나가 마음에 드는 사진을 찍었다.

은행나무 터널을 달리고 현충교를 건넌 후 아산 시내를 통과하여 외암리 민속마을로 향하였다. 아까 선문대로 들어오다가 본 이정표에 외암리 민속마을이 나타나있는 것을 보면 이곳에서 그리 멀지 않을 것 같았다. 시내에 있는 철길을 건너자 길은 오르막으로 이어졌다. 생각만큼 가까운 곳이 아니었던 모양이

아름다운 현충사 경내

노랗게 물든 은행나무 가로수

세상은 온통 노란 빛깔 뿐!

다. 꼬불꼬불한 오르막을 오른 후 이어진 내리막길은 623번 지방도로와 만났다. 그 사거리에서 직진하여 한참을 달리니 민속마을이 나타났다.

내가 들어선 순간, 외암리에서는 드라마 촬영이 막 끝나가고 있었다. 첫 느낌이 아주 좋은 민속마을이었다. 있는 그대로 보존을 잘하고 있는 마을이란 생각이 들었다. 안동하회마을은 웅장한 기와집들이 많은데 비해 이곳은 작고 소박한 초가집들이 옹기종기 모여 있어서 내가 어릴 때 살던 (나도 초가집에서 살았다) 고향같이 정감이 깊었다. 마을을 돌아보는데, 조용한 마을 구석구석에서 금방이라도 나를 아는 사람이 손목을 잡아끌며, 들어가자고 할 것 같아 마음이 조마조마해지고 간지러웠다. 이런 곳에서 정겨운 이를 만나 잠시 머물면서 오순도순 이야기를 나눌 수 있다면 얼마나 행복할까? 그럴 때 나누는 이야기는 아득한 옛이야기가 분명하리라! 그 얘기 속에는, 여름철 냇가에서 벌거벗고 미역을 감던 철부지적 소년들도 있을 테고, 멀리 시집간 이웃의 고운 처녀 이야기도 있을 것이거늘…….

혼자서 조용한 마을길을 걷다보니 별별 생각이 다 들고 난다. 고향이 그립다. 내 고향 합천 대양리 마을이 그립고, 그 곳에서 함께 뛰어놀던 동무들이 그립다. 그리고 무엇보다 부모님이 그립다.

돌담을 따라 이어지는 골목길에는 가을볕이 들어와, 포근히 초가집을

돌담이 아름다운 골목길

누가 타고 놀았을까?

디딜방아도 정겹다

누군가 내 손을 잡아줄 것 같은 골목

안아주는 듯하다. 담장 안에서 뻗어 나온 가지에 먹음직스런 홍시가 말갛게 매어달린 채 나를 유혹하고 있었다. 정말 예쁜 가을 속에서 머무는 이 순간이 철부지처럼 행복했다.

마을에서 나와 광덕고개를 넘으려고 했더니 비포장길이란다. 그래서 광덕산은 내일 돌아보기로 하고 다시 천안으로 방향을 바꿨다. 그런데 천안에 들어서면서 잠깐 길을 헤매는 바람에 또 다시 중앙시장으로 들어가고 말았다. 이렇게 자꾸 길을 헤매면 이번 여행이 너무 힘들어질 것 같다.

● 2008년 11월 8일 (신방동–광덕사–삼태리마애블–신방동: 65km)

축제를 찾아서

짚신을 만드는 농부

이틀 동안 자전거를 탔더니 서서히 적응이 되어가는 모양이다. 몸에 무리가 올 정도로 많이 달린 거리는 아니지만, 오늘 아침에는 몸이 더 가벼워지는 것을 느끼면서 처음 경험하고 있는 이 여행에 대한 부담이 적어져 기분이 좋았다.

오늘은 광덕산 입구에서 열린다는 호두축제에 찾아가려고 길을 나섰다. 21번 국도를 잠깐 탄 후 629번 지방도로를 달렸다. 풍세면을 지나고 광덕면에 도착할 때까지 오르내리는 길이 거의 없어 달리기 무난했다. 생각보다 차가 많이 다니는 길이었지만, 조용한 시골길이어서 달리기 좋았다. 느긋하게 출발했기 때문에 햇볕도 따스해 편안했다.

오늘부터 축제가 시작된다더니 광덕사가 가까워지자 도로 옆 갓길에도 자동차들이 주차되어 있었다. 행사장에 다녀 나오는 사람들 손에는 배가 담긴 봉지들이 하나씩 들려 있었다. 올해는 태풍도 없었고 일 년 내내 날씨가 좋아서 과일이 풍년이란다. 그런데 풍년이 꼭 좋기만 한 것은 아닌가 보다.

길 옆의 먹음직스런 사과들 별별 열매가 나왔다 맛있는 장아찌도 팔았다

사과처럼 오래 저장할 수 있는 과일이 못되는 배는 풍년으로 공급이 과잉되어 배 과수원을 하는 사람들 사정이 어려워졌다는 이야기가 텔레비전에서 여러 차례 나오는 것을 보았다. 천안의 성환도 배로 유명한 곳인데 배의 수요를 높이기 위한 홍보 행사를 하면서 배를 나눠주고 있었다. 그저 풍년이면 모두가 다 좋을 것 같은데 어디든지 음과 양이 있기 마련인가 보다.

5~6명의 경찰이 자전거를 타고 줄지어 달리는 모습을 보자 반가웠다. 이렇게 사람들이 복잡한 곳에서는 자전거가 제일 좋은 교통수단이란 생각이 들었다. 제복을 입고 한 줄로 나란히 순찰을 도는 모습이 믿음직스러웠다.

호두축제장에서는 아주 다양한 행사들이 열리고 있었다. 우선 자전거를 행사장 입구에 매어놓고 한 바퀴 돌아보았다.

광덕은 우리나라에서 제일 먼저 호두를 재배한 곳이란다. 고려 말에 이곳 광덕 사람 유청신이 왕을 따라 원나라에 사신으로 갔다가 묘목과 종자를 얻어와 심었단다. 그래서 우리가 요즘 즐겨먹는 호두과자의 원조는 천안이다. 천안에서도 가장 먼저 호두과자를 만든 사람이 학화 호두과자를 만드신 할머니시란다. 어쩌다 먹어본 학화 호두과자는 확실히 다른 호두과자보다 맛이 있었다.

축제장에는 호두를 이용한 다양한 먹을거리를 파는 곳도 있고, 농촌의 여러 가지를 체험해 볼 수 있는 다양한 행사가 열리고 있었다. 축제를 더

《축제장의 여러가지 행사들》

호두사적비

욱 흥겹게 하는 노래자랑도 행사장 한가운데서 한창 진행되고 있었다.

한동안 신나게 구경한 다음 행사장에서 그리 멀지 않은 곳에 있는 태화산 광덕사를 찾아갔다. 광덕사는 뒤에 산을 병풍처럼 두르고 있었는데 그 산이 태화산인지 광덕산인지 정확히 알 수 없었다. 등산객이 많은 탓인지 축제의 흥겨움 때문인지 절집으로 가는 길은 다른 곳의 절집보다는 조금 부산했다. 그러나 절 안으로 들어가니 금방 숙연해진다. 간단히 관람을 마치고 다시 돌아 나와 천안으로 오려고 자전거를 탔다.

광덕사 앞의 호두나무

천안광덕사 호두나무

(Walnut Tree of Gwangdeoksa Temple in Cheonan)

광덕사 호두나무는 높이 약 18.2m의 거목으로 수령은 약 400년 정도로 추정된다.

The walnut tree in Gwangdeoksa Temple is a 18.2m-tall tree that is estimated to be about 400 years old. According to legend, Yu Cheong-Shin, an envoy, brought a seedling of a walnut tree and walnuts from the Yuan Dynasty of China in September of the 16th year of Goryeo King Chungnyeol's reign (1290)--which was about 700 years ago--and planted the seedling in Gwangdeoksa Temple and the walnuts in his garden. As this is the root of all walnut trees in Korea, Gwangdeoksa Temple is known as the origin of the walnut tree. Through the efforts of Ryu's descendants and the local people, Gwangdeok-myeon currently cultivates about 258,000 offshoots of walnut trees.

입구에서 조금 나오니 젊은 부부가 호떡을 팔고 있었다. 기름을 넣지 않고 호떡을 만드는데 열심히 일하는 모습이 참 보기 좋았다. 먹음직스러워 나도 하나 사먹으려고 말을 건넸더니 이들은 둘 다 농아였다. 그 순간 그들의 모습이 아주 아름다워 보였다.

가수 안치환은 사람이 꽃보다 아름답다고 노래를 불렀다. 나 역시 사람의 마음에 벅찬 감동을 주는 아름다움의 으뜸은 '사람' 이라는 생각에 동감한다. 누군가의 아름다운 삶은 다른 사람을 눈물짓게 할 수도 있고, 인생을 바꾸게 할 수 있다. 아름다운 자연도, 꽃도, 그리고 미술 작품도 우리에게 감동을 주지만, 아름다운 삶 역시 사람이 가슴에 큰 감동을 던진다.

이런 생각을 하면서 열심히 호떡을 굽는 젊은 장애인 부부를 바라보니, 내가 한없이 부끄러워진다. 저렇게 열심히 일하면 얼마든지 행복하게 살 수 있는데, 어쩌자고 과한 욕심을 부려서 난 지금 이렇게 경제적 어려움을 겪고 있는지 모른다. 이들 부부가 만드는 호떡은 정말 맛있었다. 행복한 부부의 모습을 넋을 잃고 보다가 일찍 들어가서 푹 쉴

호떡을 파는 아름다운 부부

삼태리 마애불

태학사

생각으로 천안을 향해 다시 길을 떠났다. 그런데 한참 오다보니 태학산 마애불을 알려주는 이정표가 보였다. 그래서 예정에 없던 광덕면 삼태리로 향했다. 이정표에서 알려주는 거리가 멀지 않아서 쉽게 찾아갔다. 그런데 꽤나 된 오르막으로 자전거를 끌고 올라야 하는 곳이 있어 힘이 들었다.

거대한 바위에 새겨진 부처는 치켜 올라간 눈 때문인지 인자하기보다는 강한 인상을 풍겼다. 내가 본 마애불 중 가장 아름다운 것은 서산 운산면에 있는 마애삼존불이다. 그 부처님의 미소는 정말 곱고 인자해 잠시 보고 있는 나까지 부드러워지는 느낌이었다. 벚꽃이 흐드러지게 핀 봄철에 서산의 개심사와 마애삼존불을 보고 난 후, 그 한 해의 행복한 여행은 마무리했다고 감히 말할 수 있을 정도로 참 좋았었다.

단풍이 곱게 물든 길을 따라 돌아오다가 노부부가 정겹게 도리깨질을 하며 콩을 거둬들이는 보았다. 부모님도 저렇게 콩을 거둬들였었다. 살아계셨더라면 지금쯤 합천 고향집에서도 가을걷이에 한창 바쁘실 텐데……. 이렇게 시골 사람들이 사는 모습을 볼 때면 난 부모님이 너무 그립다.

저녁에 짐을 다시 쌌다. 사흘 동안 자전거를 타고 돌아다니다 보니 생각보다 덜 필요하게 여겨지는 것들을 우선 뺐다. 반드시 세 개가 필요할 것 같았던 자전거 전용바지도 두 개면 충분할 것 같았다. 그렇게도 여러 번 생각하고 짐을 챙겼는데도 또 줄일 것이 생겼다.

내 인생에서 줄여야 할 것은 무엇일까? 필요 없는 그 무엇을 지고 나는 삶을 무거워하고 있는 것일까?

나도 저 표주박들처럼 쉬고 싶은지 모른다

도리깨로 콩을 터는 부부

● 2008년 11월 9일 (천안 신방동-연기 조치원-대전역)

가슴을 따뜻하게 해 주는 사람

⬆ 형제약국 형님 부부

본격적인 여행의 시작!

오늘부터 본격적인 자전거 여행이 시작된다는 생각 때문이었는지 잠에서 일찍 깨었다. 사흘 동안 내 운행 능력을 알아보면서 지도에 내가 갈 길을 대충 정하였다. 계획이 정해지니 조금 두려운 생각이 들었다. 내가 가야할 길이 너무 멀었다. 이번 자전거 여행을 처음 계획했을 때는 이렇게 먼 길을 달릴 생각은 엄두도 못 냈었다. 그런데 어쩌다 보니 전국을 돌아본다는 엄청난 계획을 세우고 있는 나를 발견했고, 그리고 이제 본격적인 여행이 시작되려는 순간이 되자 나는 두려움에 빠졌다. 지난 사흘 동안은 한 곳에 머물면서 자전거로 여행을 했기 때문에 힘이 들면 언제든지 되돌아 올 수 있었다. 그러나 오늘부터는 출발을 하면 되돌아올 수 없는 그런 여정이고 보니, 첫째 내 다리의 건강을 믿을 수 없어 두렵고, 둘째 얼마나 헤맬지 알 수 없어 두려웠다.

아침을 든든히 먹고 9시 30분에 출발했다.

'자전거 전국투어' 라는 글을 보면 운전기사들이 조금은 배려해 주지 않을까 하는 기대를 하면서, 친구는 배낭에 깃발을 만들어 붙여 주었다.

대전역 앞의 형제약국

두려움 속에는 설렘도 있었다. 그러나 마냥 그 설렘만 즐길 처지가 아니라서 마음을 단단히 먹었다.

21번 국도를 잠깐 달린 후 청삼교차로에서 1번 국도를 만나 대전 · 공주 방향으로 들어섰다. 은근한 오르막이 이어지는 길이었다. 나는 오늘 1번 국도를 달려 대전역 부근에 있는 형제약국을 찾아갈 생각이다. 여전히 차들이 많이 달리는 1번 국도를 달리는 까닭은 여행계획을 국도를 따라 세웠기 때문이기도 하지만, 아직은 내가 길을 제대로 찾아갈 수 있을 것 같지 않아 그나마 국도를 따라 달리는 것이 안전하다는 생각이기 때문이다.

대전역 가까이에서 형제약국을 운영하시는 형님과는 그리 오래된 인연은 아니다. 그런데도 난 형님이 아주 오랫동안 알았던 사람처럼 언제나 편안하고 푸근해서 좋다. 손위 형제가 없는 탓에 형님을 만나 어리광을 피우며 위로 받고 싶은지도 모른다. 나도 모르는 내 속내지만 전국을 돌아본다는 생각을 하면서 제일 먼저 찾아보고 싶은 사람이 형님이었다. 짧은 여행길에서 만난 인연인데 이제는 애경사에도 찾아가는 인연이 되어서 나는 정말 좋다.

본격적인 여행의 시작

1번 국도라 차들이 많이 달려 위험한데도 길을 헤맬 염려가 없다는 생각이 마음을 편하게 했다. 연기군 전의면과 전동면을 지나 조치원읍으로 들어섰는데 천연기념물을 알려주는 이정표가 눈에 띄었다. 급하게 갈 이유가 없는 여유로운 길이라서 찾아가 보기로 하고 조치원1교에서 우회전하였다.

찾아간 곳에는 천연기념물 321호로 지정된 멋진 향나무가 있었다. 안내판을 읽어보니 연기 봉산동의 이 향나무는 수령이 400여 년이나 된단다. 높이는 3.2m인데 가지의 동 · 서쪽이 10.9m, 남 · 북쪽이 11.45m이나 된

⬆ 천연기념물 321호

단다. 뜰 안에서 자란 탓인지 긴 세월에도 키는 자라지 못하고, 몸통만 이리저리 꾀고 비틀려 있어 용이 있다면 저런 몸 틀임을 하지 않을까 하는 생각이 들었다. 정말 멋있는 향나무였지만 그 나무가 감내해냈을 고통을 생각하니 안쓰럽기까지 하였다.

봉산동에서 되돌아 나와 달리다가 감성교를 건넌 후 두만교차로에서 1번 국도를 벗어난 후 한밭대로를 달리고 월드컵 사거리에서 좌회전하였다. 이곳부터는 길을 잘 몰아서 형님께 전화로 여쭤가면서 찾아갔다. 약국이 대전역 옆이라서 초행길에도 찾아가기가 어렵지 않았다.

어찌나 반가워하시던지…….

어쩌면 난 이런 마음을 느끼고 싶어서 형님께 찾아왔는지도 모르겠다. 형수님까지 나오셔서 푸짐한 저녁식사도 사주시고 잠자리까지 잡아주셨다. 베풀어주시는 마음도 넉넉하고, 이런저런 삶의 지혜를 말씀하시는 모습은 믿음직한 큰형님이셨다. 장모님께 전화로 5년째 매일 문안 인사를 한다는 말씀을 듣고 나도 매일 장모님께 연락을 드려야겠다고 다짐했다.

친형님이라면 얼마나 좋을까?

그렇다면 내 삶도 이렇게 외롭지 않을 텐데…….

●2008년 11월 10일 (대전역-강경젓갈시장-군산: 118㎞)

다 잊을 수 있는 마음

미내다리

마음이 따뜻한 사람을 만나면 나도 따라 마음이 편해진다. 그런 사람을 만나면 마음뿐만 아니라 몸도 편해지는 모양이다. 내 몸의 근육도 완전히 이완이 되었다. 그래서 우리는 좋은 사람들 속에서 살기를 희망하는 것이리라. 형님부부의 따뜻한 배려 덕분에 아주 편안하게 잠을 자고 군산을 향하여 출발하였다. 형님과 헤어지면서 이번 여행을 글로 남겨보면 어떨까 하는 생각을 하였다. 어제까지는 여행에 대한 느낌을 짧게 메모하는 것에 그쳤는데, 오늘부터는 좀 더 자세히 적어야겠다. 그렇게 적은 느낌을 책으로 만들어 아이들에게 주면 그나마 이번 여행이 덜 미안해지지 않을까 하는 생각이 문득 들었다.

'그래, 여행기 속에서 내가 왜 떠나야했는지, 그리고 아이들을 얼마나 사랑하는지 알려주자.'

오늘은 군산을 찾아갈 생각이다. 형님께서 알려준 길을 따라 대전역 부근을 벗어난 후 서대전네거리역에서 4번 국도로 들어섰다. 길은 두마 교차로를 지나면서 다시 1번 국도로 이어졌다.

논산시 연산지역을 지나는데 이정표에서 개태사를 알려줘 찾아가보았

자전거 타는 연습을 하는 스님

개태사 철확

다. 개태사는 고려를 세운 태조 왕건이 후백제를 평정한 기념으로 세운 절이라는데, 부처님들보다 큰 무쇠 솥인 철확에 담긴 동전들이 내 관심을 더 끌었다.

그 동전 하나 하나에는 모두 사연이 있을 것이다. 동전을 던진 사람도, 담긴 사연도 알 수 없었지만, 모르는 그 누군가의 간절함이 모두 이루어졌으면 좋겠다.

이 절에 계신 덕산스님께서 맛있는 커피를 주셨다. 스님은 자전거 하나를 선물받았는데 아직 탈 줄을 모른단다. 잠시 쉬면서 스님께 자전거 타는 법을 가르쳐 드렸다. 속세의 번뇌를 벗어나기 위해 수행의 길을 가는 분인 까닭인지 천진한 웃음을 지으며 열심히 자전거 페달을 밟던 스님의 얼굴이 참 보기 좋았다. 자전거로 도로를 달릴 수 있을 정도까지 가르쳐 드릴 수 있었더라면 좋았을 텐데 그러지 못하고 떠나는 것이 아쉬웠다. 스님이나 나나 둘 다 인생에서 급한 것이 없는 사람들이었거늘…….

개태사에서 되돌아 나와 1번 국도를 달리다가 계백장군의 묘역을 잠시 돌아봤다. 패망한 나라의 장군이라서 그런지 왠지 쓸쓸했다.

논산의 화산 사거리에서 23번 국도를 만나고, 산양사거리에서 우회전을 하여 임천 방면으로 가면 강경젓갈 갈 수 있다는 것을 알고 그곳으로 방향을 틀었다. 젓갈시장을 구경하면서 내가 찾아갔던 충남젓갈상회를 찾아보는데 보이질 않는다. 친구에게 전화를 해서 충남젓갈상회가 어디로 이사 갔는지 물으니 친구는 한심해 한다. 그때서야 여기가 광천이 아니라 강경이라는 것을 깨달았다. 전혀 다른 곳인데 왜 강경과 광천을 헷갈렸는지 모르겠다. 좀 전 산양사거리에서 젓갈시장이라는 낱말을 보자마자 강경은 잊어버리고 광천 젓갈시장만 생각했던 것이다. 바보같이…….

시장을 돌아보다가 젓갈을 조금 사서 대전으로 보냈다. 형님 부부께서 베풀어 주신 큰마음을 요만한 것으로 대신할 수는 없지만, 내 마음을 조금이라도 표현하고 싶었다. 강경 젓갈시장은 초행이라서 그런지 광천만큼 친근하게 다가오지 않았지만, 식사 때를 맞춰왔더라면 곰삭은 맛이 황홀하다는 이곳 젓갈 백반을 한번 먹어보면 좋겠다는 생각을 하면서 떠났다.

이곳에 죽어서 저승에 가면 염라대왕이 미내다리를 보고 왔느냐고 묻는다는 전설을 지닌 다리가 있다고 해서 잠시 돌아보았다.

혹시 아는가? 정말 염라대왕이 물어볼지…….

그 때 머뭇거리지 말고 대답해 줘야지.

다시 23번 국도를 만났다. 길은 그저 편안했다. 복잡하고 구구해진 내 삶을 떠올리지만 않는다면, 길은 내내 이렇게 편안할 수 있을 것이다. 군산은 생각보다 늦게 도착했다. 여행을 시작한 후 가장 장거리를 달렸기 때문이기도 하지만, 개태사에서도 머뭇거렸고 강경시장에서도 어슬렁거리며 시간을 보냈기 때문이었다.

죽어 저승에 가면 염라대왕이 이 다리를 봤는지 묻는단다

껴안을 사람이 있다는 것은 참 좋다

오늘은 공군상사인 유명우상사 부부를 만나 저녁식사를 하고 술도 마셨다.

편안한 사람들과 어우러지는 자리에서는 술을 자제하기가 어렵다. 하지만 내일 또 길을 가야하기 때문에 다른 때처럼 마구 마시지는 못했다. 그런데 모텔까지 함께 왔는데 쉽게 헤어지지 못하고 또 다시 술을 마시니 새벽이 되었다. 이렇게 좋은 사람들과는 쉽게 헤어지기 어렵다. 사람 냄새 물씬 풍기는 그들 부부의 따뜻함이 아주 오래 기억될 것이다.

오늘은 모텔 주인아주머니가 내 빨래를 세탁해주어 더 고마운 날이다. 모텔에 엘리베이터가 없어서 불편했지만, 주인부부의 따뜻한 마음이 그런 불편함 쯤은 아무 문제가 안 되게 하였다. 하지만 자전거는 끌고 올라오기가 불편해 유상사가 차에 싣고 갔다가 내일 아침 가져오기로 했다. 내일 오전은 유상사가 내게 군산을 안내해 주기로 약속했기 때문이다. 새벽 2시. 다리가 쓰라려 잠에서 깨었다. 짐을 챙길 때 분명히 후시딘 연고를 넣은 것 같은데 아무리 찾아봐도 없었다. 그래서 근육 이완용 연고를 바르고 잠자리에 누웠는데 쉽게 잠이 오질 않는다.

무엇이 나를 여기로 데려 왔는가?

이 여행을 떠나기 전, 자신에 대한 실망으로 시작한 마음의 혼란은 걷잡을 수 없는 나락으로 나를 몰아넣었고, 그리고 그 끝에서 난 아무 것도 할 수 없는 무기력한 사람이라는 자괴감에 빠져 허우적거렸다. 내가 한 일에 대한 뒤늦은 후회는 아무런 도움이 안 되었다. 그래서 떠나온 것이다. 이제 내가 할 수 있는 것은 그런 모든 것들을 잊는 것이다. 아니 잊을 수 있는 마음을 갖는 것이다. 그게 이번 여행에 또 다른 목표이기도 하다.

● 2008년 11월 11일 (군산-김제-내소사 입구: 86㎞)

내소사 고운 창살을 기억하다

유명우 상사 부부

이 옹기들 속에서 장이 익어갈 것이다

여러가지 생각을 하다가 새벽 늦게 잠자리에 들었는데도 일찍 깨었다. 9시쯤 찾아온 유상사와 늦은 아침을 먹고 금강하구언 둑을 따라 철새도래지를 돌아보았다. 철새도래지라고 해서 하늘을 뒤덮을 만큼 많은 가창오리 떼를 볼 것으로 기대를 했는데 생각만큼 많은 철새를 보지 못해 서운했다. 이어서 도착한 새만금 방조제는 그 광활함에 기가 질렸다. 사라진 갯벌이 그만큼 넓다는 생각에 가슴이 아렸다. 경제적인 측면과 환경적 측면에서 논란이 분분한 이 간척사업에 대한 정확한 판단은 우리 세대에서는 어려울 것이다. 그러나 나는 간척사업보다는 자연 그대로 생태계를 유지하는 것이 더 옳다고 생각하는 사람이라 가슴이 더 아팠다.

유상사와 점심을 먹고 헤어졌다. 옹고집이란 식당에서 먹었는데 음식 맛도 좋지만 그 집 식당 마당의 옹기그릇들이 더 기밀다웠다.

오늘 나는 내소사의 고운 창살이 보고 싶고, 저물녘 내소사로 들어가

옹고집 식당의 먹음직스런 음식들

는 전나무 숲길도 달려보고 싶다. 그래서 페달을 밟은 발에 힘을 주었다.

21번 국도를 타고 한참을 달리다가 대야교차로에서 29번 국도를 만났고, 순환북로 서암사거리에서 다시 23번 국도를 타고 군산을 달린 후 김제를 지났다. 부안의 영전사거리에서 30번 국도를 만날 때까지는 길이 그런대로 괜찮았다. 그런데 내소사로 들어가는 길에는 오르막이 있어 시속 8㎞ 정도의 속도밖에 나지 않았다. 자전거를 끌고 갈 정도로 심한 경사가 아닌 것 같아 타고 오르는데 생각보다 벅차서 주저앉고 싶었다. 오전이라면 힘이 있어서 괜찮았을 텐데 이미 반나절을 달려온 터이고, 해도 저물어 가는 때라 지쳐서 무척 힘들었다. 그런데도 어리석은 자존심에 기어코 자전거를 끌지 않았다.

배가 너무 고파 길 옆에 있는 소문난 빵집에서 요기를 조금 하려고 멈추려는 순간 자전거가 넘어지는 바람에 후방 등이 깨어져 버렸다. 그런 사이 날이 저물어버려 내소사까지 들어가지 못하고 눈에 보이는 산중민박으로 잠자리를 정해버렸다.

오늘부터 친구가 하나 생겼다. 내소사를 향하여 오르던 길이 너무 버거워 자전거와 대화를 하기 시작한 것이다. 말을 주고받자니 불러 줄 이름이 필요했고 관계도 정해야 했다.

그래서 자전거와 친구가 되었고 탱크라고 이름을 지어주었다.

힘이 들었다. 너무 많이 쉬고 출발한 것이 사람을 더 지치게 했다. 오늘 반드시 도착해야 할 목적지가 있는 것은 아니었지만, 그래도 내소사 부근에서 자고 싶은 마음이 있어 힘이 들어도 계속 진행을 하자니 내 버거움을 나눌 대화가 필요했던 것이다.

"탱크, 넌 할 수 있어. 우리 힘을 내자!"

탱크도 내게 말한다.

민박집 주인 아저씨

"친구, 힘을 내. 넌 이보다 더 어려운 것도 잘 이겨냈잖아. 힘을 내!"

결국 나 혼자 주고받은 말이지만 일단 자전거를 탱크라는 친구로 정하고 나니 대화하기가 더 좋았다. 누가 보면 정신 나간 사람처럼 혼자 중얼거리는 것이겠지만 말할 상대가 있으니 힘이 되었다. 나와 탱크는 그래서 오늘부터 친구가 된 것이다.

저녁은 민박집 가까운 식당에서 칼국수를 먹었다. 여행을 시작할 때 친구가 식사를 잘 챙기라고 했는데 오늘은 칼국수가 먹힐 것 같았다. 저녁을 먹고 오면 뜨끈하게 불을 넣어주신다고 했는데 따뜻하고 편하게 쉴 수 있는 정도는 안 되었다. 그리고 무릎 때문에 온돌방은 내게 너무 불편했다. 내일부터 잠자리는 침대가 있는 곳으로 정해야겠다. 샤워를 하는데 물이 미지근하여 제대로 씻을 수도 없었다. 하지만 이 민박집 주인아저씨와 아주머니는 마음이 푸근하신 분들이어서 그냥 참았다. 다음날 아침 내소사로 들어가다 보니 조금만 더 갔더라면 좋은 모텔에 서 쉴 수 있었다는 것을 알았지만, 민박집 주인 아저씨가 깨어진 후방 깜박이 등을 강력 본드로 붙여 고쳐주셨고, 아주머니께서는 하루 종일 입은 옷을 세탁기로 빨아줘 민박집의 불편했던 기억을 잊게 했다.

오늘은 내소사의 아름다운 창살이 저녁 햇살에 비치는 모습을 보고 싶은 마음에 급히 달린 하루였지만 결국 힘이 달려 보지 못한 아쉬운 하루였다.

● 2008년 11월 12일 (내소사 입구-내소사-고창-영광-함평: 113㎞)

국화향 그윽한 함평

문살이 고운 내소사

어제 찾아가지 못한 내소사에 들르기 위해 아침 식사 전 길을 나섰다. 이른 아침 찾아간 내소사는 내 기억 속 이미지와 많이 달랐다. 문살이 아름다운 절, 보호받고 보존해야 될 보물이 많았던 절로 기억하고 있었는데, 느낌이 많이 달라 가슴이 허전했다. 숱하게 산을 다니던 시절, 이 절을 품어 안고 있는 능가산을 여러 번 올랐고 그 때마다 찾아왔던 절이었다. 젊은 시절에 느꼈던 마음을 나이 든 지금 찾아와 다시 느끼려고 하는 것이 무리일 것이다. 그러나 너무 다른 느낌이어서 그것이 세월의 흐름 탓인지 내 마음의 변한 탓인지 가늠이 안 되었다. 그러나 오염되지 않은 신선한 아침 공기를 뚫고, 마음을 닦는 도량에 들르니 불교 신자도 아니면서 그 청정한 기운에 힘입어 나도 따라 마음이 맑아지는 것 같은 기분만큼은 정말 좋았다.

아침은 화신회관에서 굴을 넣어 지은 돌솥밥을 먹었다. 남도의 음식인심을 제대로 느끼는 첫 식사인지라 먹기 전부터 배가 불렀다. 자전거로

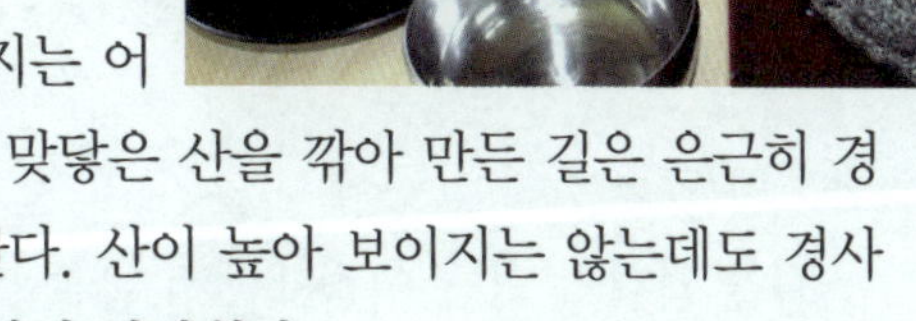

화신회관 주인아저씨와 아주머니

전국을 돌아다닌다는 것을 아신 주인아주머니가 밥을 듬뿍 더 주셨다. 그런데 내 밥상에 올라와야 하는 조기 한 마리가 주인아저씨 밥상으로 가버린 것을 뒤늦게 발견한 아주머니께서 어찌나 미안해하시던지 그 아름다운 표정을 오랫동안 기억하고 싶었다.

7시에 출발했다. 곰소를 지나는 30번 도로에서 23번 도로를 만나기까지는 어제처럼 여전히 힘들었다. 해안과 맞닿은 산을 깎아 만든 길은 은근히 경사가 져 있어서 사람을 지치게 한다. 산이 높아 보이지는 않는데도 경사는 은근하게 오르막으로 줄곧 이어져 버거웠다.

영광을 향해 오던 길옆에 드라마 '프라하의 연인' 촬영 장소가 있어 찾아갔더니, 이미 져버린 갈대도 별 폼이 없고 분위기도 썰렁해 볼 만한 것이 없었다. 이런 곳을 관광지로 개발할 생각이 있다면 지방 자치단체에서 꾸준히 관리를 하고, 새로운 테마와 아이디어로 사람들이 발길이 끊어지지 않도록 유도하는 프로그램을 지속시켜야 할 것이다.

오늘은 길 중간에서 물이 떨어지고 말았다. 다른 날과 똑같이 물을 준비했는데 목적지에 도착하기 전에 물이 떨어진 것을 보면 그만큼 힘이 들었던 모양이다. 물을 얻으려고 길 옆 민가를 찾아갔더니 절여 놓은 배추만 나를 맞아준다. 아무리 소리쳐 불러도 인적이 없어 조용히 사진을 찍고, 물을 뜨고 나왔다.

내소사로 가는 길 내소사 전나무 숲 길 배추들이 맛있게 익을 때면 나도 집에 가 있겠지

이정표에 용화사라는 유형문화재 푯말이 있어 찾아 갔더니 그 길도 여간 된 것이 아니었다. 이 절의 미륵불상이 중요한 문화재란다. 그런데 이 미륵불이 대웅전에 모셔진 것이 아니라 방처럼 된 다른 곳에 모셔져 있었다. 갓을 쓴 것 같은 모양이 특이했다.

점심은 '밀향기' 라는 식당에서 해물 칼국수를 먹었다. 영광에서 함평으로 가는 길 왼쪽에 있는 식당인데 정말 맛있는 집이었다. 국수 맛도 좋고 주인아저씨 마음 씀씀이가 넉넉하셔서 사람 좋아하는 내게는 더 없이 좋은 점심식사 시간이었다. 이곳에서 길을 물었더니 사람들이 정말 자세히, 그리고 친절하게 알려 주었다. 알려 준대로 가다가 다시 택시 기사에게 길을 또 물어보게 되었는데 그 기사도 친절하게 잘 알려 주었다. 역시 남도의 인심은 다른 곳에 비할 수 없이 좋다는 생각이 들었다.

길을 가다가 만난 이정표에서 불출사를 알려 주었지만 이번엔 힘이 들어 그만 두었다. 오늘은 땀을 너무 많이 흘린 하루다. 아까 낮에는 비 오듯이 쏟았다는 말이 가장 적합한 표현이라고 할 정도로 많이 흘렸다.

함평 땅에 들어서니 국화전시회 안내 표지판이 눈길을 끌었다. 군청소재지로부터 10km 정도 떨어진 이 국화전시장에 오후 4시 정도에 도착하여 1시간 넘게 관람하였다. 다양하고 아름다운 국화들이 가을 햇살을 받으며 향기를 뿜어내고 있었다. 입장료가 6,000원인데 국가 유공자인 나는 무료란다.

국화전시장에서 나온 후 함평 읍내에서 이모님(유상사 어머니)을 만나 저녁으로 낙지와 연포탕을 먹었다. 함평의 연포탕은 서산과 태안의 밀국낙지에 비하면 맛이 떨어졌다. 그러나 이모님을 만나 기분이 좋아 술을 조금했다. 친구는 내가 술을 마시는 것을 정말 많이 걱정한다.

↓돌갓을 쓴 부처님

국화 전시장의 아름다운 국화꽃

특히 이번 여행길에서는 절대 술을 하지 말라고 신신당부를 했고, 그 마음이 고마워 나도 그렇게 하마고 약속을 했었다. 그런데 여행을 하다보니 그 약속을 지킬 수 없게 되어 미안하다. 나보다 더 나를 염려해서 당부한 것인데 말이다.

오늘 인천 자전거 동호회의 이소희본부장하고 전화 통화를 했더니 내일 목포로 와서 2박 3일간 함께 길을 가주겠단다. 그래서 내일은 목포까지만 가면 되니까 느긋하게 출발을 할 생각이다.

● 2008년 11월 13일 (함평-목포버스터미널: 51km)

목포는 항구다!

유상사 어머님(나는 이모님이라고 부른다)

함평 모텔에서 욕조에 몸을 푹 담고 피로를 풀었다. 며칠 동안 이어진 강행군으로 얼굴도 붓고 다리 통증이 심했는데, 오늘은 얼굴의 부기도 많이 빠지고 통증도 견딜만해졌다. 10시쯤 모텔에서 나와 함평 읍내를 자전거로 한 바퀴 돌며 길도 알아보고, 시골 읍의 오전 풍경을 즐겼다. 어제 전시장에서 맡았던 국화향이 마주치는 공기 속에 섞어 있는 것 같아, 나도 모르게 코를 킁킁댔다.

아직 아침식사 전이라서 농협 매장에서 빵과 음료수를 사고, 헤드랜턴 건전지도 샀다. 따뜻한 농협 앞에 앉아서 빵으로 아침밥을 대신한 후 다시 두어 바퀴 읍내를 돌았다. 11시 반에 이모님께서 시장 골목 바로 옆에 있는 식당에서 이곳 함평의 유명하다는 육회 비빔밥과 육회를 사주셨다. 육회 비빔밥이 그렇게 맛있는 음식이라는 것을 처음 알았다. 안주가 좋아서 소주를 3잔이나 마셨다. 이번 여행길에서는 술을 입에 대지 않으려고 했는데 이렇게 지키기 어려운 때가 종종 생긴다. 육회비빔밥은 나중에 텔레비전 프로그램에서 보니 함평에 간다면 꼭 먹어봐야 한다는 특식이었다. 함평도 횡성처럼 특성화된 한우를 알리기 위해 노력하고 있었다.

이모님과 헤어져 출발을 하려고 시계를 보니 12시 40분이었다. 오늘은 인천 자전거 동호회 이소희본부장과 같은 동호회 활동을 하고 있는 고향 친구 임영옥을 목포에서 만나기로 약속을 한 날이다. 목포는 함평에서 가깝다. 그래서 다른 날에 비해 상대적으로 거리가 짧아 국도를 피해 해안을 따라 뻗은 길을 가려고 마음먹었다.

길을 알아보려고 택시들이 줄지어 서있는 곳에 가서 한 기사 아저씨께 물었더니, 어찌나 자세하고 친절하게 그리고 적어가면서까지 알려주시는지 길을 물은 내가 송구스러울 지경이었다. 안경을 낀 멋진 기사아저씨였는데 검정 개인택시와 정말 잘 어울렸다. 친절한 아저씨 사진을 한 장 찍고 싶었는데, 손사래를 치며 거절하시는 통에 사진도 못 찍고 아저씨 택시 번호도 못 적어 아쉬웠다. 해남 땅 끝부터 걸어서 국토를 여행한 천안 친구가 남도 사람들이 제일 친절하고 인심이 좋다더니, 정말 그 인심을 알 수 있는 사람들을 자주 만나게 되어 내 여행길이 정말 즐겁다.

톱머리에서 낚시를 즐기는 사람들

한창 수확 중인 대봉

주인을 잘못 만나 고달픈 탱크

길은 함평읍에서 시작하여 무안군의 현경면과 무안국제공항이 있는 망운면을 지나 톱머리라는 바닷가로 들어섰다. 바닷가에서는 한가하게 낚시를 즐기는 사람이 여럿이었다.

저들이 낚고자 하는 것은 진정 무엇일까? 물고기일까? 아니면 흐르는 세월을 낚는 것일까?

조용히 서서 낚시를 드리우고 있는 사람들을 보다가 별별 생각을 다 한다. 어쩌면 내가 낚고 싶은 것이 세월인지도 모르겠다. 나는 지금 이 순간이 빨리 지나갔으면 좋겠다. 세월이 흘러 좀 더 편안해져 있는 나를 보고 싶은 게 솔직한 심정이다. 더 많이 나이를 먹은 나는 어떤 모습일까? 나도 저 사람들처럼 한가롭게 바닷가에 앉아 고기든지 세월이든지 낚는 여유로운 모습으로 늙어갈 수 있을까?

잠시 보고 있자니 막막하기만 한 내 미래에 가슴이 답답해져와 자전거에 올라탔다. 길은 무안군을 계속 달린다. 몇 개의 오르막을 오르락내리락하며 기운을 다해 길을 가는데 목포를 10여km 남겨 놓고 다다른 마을은 온통 붉은 감으로 뒤덮여 있었다. 근사한 풍경이어서 사진을 찍으려고 렌즈를 통해 바라보니 감을 따는 아저씨와 아주머니들이 보였다. 지나가는 나그네에게 선뜻 잘 익은 홍시를 건넨다. 한마디 거절도 안하고 냉큼 받아먹었더니 배가 불끈 일어났다. 아주머니들은 내가 자전거를 타고 전국 여행을 한다는 것을 아시자 자꾸만 단감을 쥐어 주신다. 미안하고 감사한 마음으로 단감 5개를 얻어 배낭에 넣었다. 카드 결재가 가능하다면 단감과 대봉감 몇 상자를 사서 아는 사람들에게 택배로 보내고 싶었지만, 시골이라 카드로 결재 할 수가 없어 속으로만 생각하고, 아저씨와 아주머니들께 감사 인사만 드리고 길을 뜨자니 아쉬움이 남는다. 시

목포관광안내소

골 인심에, 남도 사람들의 마음이 겹쳤으니 오죽 따뜻하랴!

청계면을 지나고 목포를 10km 조금 못남겨놓은 지점에서는 오르기 버거운 언덕을 세 개나 만났다.

"탱크, 넌 오를 수 있지?"

하고 묻는다.

탱크도 내게 힘을 준다.

"친구, 넌 불가능을 가능케 하는 남자야. 힘을 내!"

난 이제 힘든 곳을 만나면 자연스럽게 탱크를 부른다. 탱크를 부르면 내 안의 나를 불러 독려하는 것보다 훨씬 강한 에너지가 느껴진다.

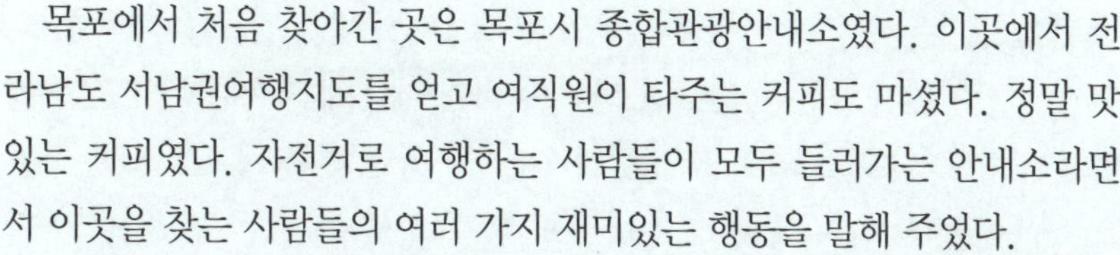

목포에서 처음 찾아간 곳은 목포시 종합관광안내소였다. 이곳에서 전라남도 서남권여행지도를 얻고 여직원이 타주는 커피도 마셨다. 정말 맛있는 커피였다. 자전거로 여행하는 사람들이 모두 들러가는 안내소라면서 이곳을 찾는 사람들의 여러 가지 재미있는 행동을 말해 주었다.

커피를 마시면서 이야기를 듣고 있는데 조금 전 오르막에서 본 젊은 청년이 찾아왔다. 오늘까지 34일째 여행 중이라는데 자전거에는 텐트도 실려 있었다. 일을 하면서 여행을 하고 있단다. 이제 해남을 거쳐 제주도로 들어갈 생각이란다. 친구와 함께 여행을 시작을 했는데 친구는 1주일 만에 포기했단다. 그동안 학교 운동장 같은 곳에 텐트를 치고 잠을 자면서 여행을 했단다. 하도 대견해서 저녁을 사려고 했더니 신세지기 싫다면서 사양했다.

관광안내소의 친절한 직원　　관광자료들

25살! 저 나이는 무엇이든지 가능하다. 내 25살은 어떠했는가! 청년의 이야기를 들으면서 아득한 내 옛날을 떠올려본다. 그 나이에는 나도 여행을 많이 다녔더랬다.

그 때!

그 젊은 나이, 내 육신은 어느 곳을 헤매었던가?

젊다는 것은 참 좋은 것이다. 무모해 보이는 도전조차 막무가내로 감행할 수 있는 패기가 있어서 좋고, 그런 도전을 온전히 성공시키는 에너지가 넘치는 때여서 좋다.

저 싱싱한 젊음!

식사 한 끼조차 신세지지 않으려는 청년의 행동은 젊음이 주는 패기라는 생각이 들었다.

아, 그립다! 내 젊음이.

멀어져 가는 청년의 뒤를 한참동안 바라보다가 나도 갈 길을 재촉했다. 오늘은 인천에서 오는 사람들과 만나야 하기 때문에 터미널 가까운 곳에 있는 그랑프리호텔로 숙소를 정했다. 함께 고생한 친구 탱크를 모텔 방안으로 들여 놓았다. 비록 탱크가 생각을 할 수 없는 무생물이지만, 나만 따뜻하고 안락한 방에서 지낸다는 것이 어쩐지 미안해졌기 때문이다.

숙소를 정하고 터미널 뒤편에 있는 신토불이 식당에서 삼겹살을 시켜 저녁을 먹었다. 특별히 맛있는 집은 아니었지만 여럿이 찾아온다면 한번쯤 들러 소주를 마시며 안주로 삼겹살을 먹으면 좋겠다는 생각이 들었다.

신토불이 식당의 삼겹살로 저녁을 해결하다

오늘은 마음이 많이 무거운 날이었다. 아내에게서 전화가 왔는데 경제적인 문제에 직접 부딪혀야하는 그녀의 고통을 모른 체하려니 더욱 힘이 들었다.

어찌 그녀뿐이랴!

나는 지금 나로 인해 힘들어진 주변 사람들의 고통을 외면한 체 떠돌고 있는 중이라서 결코 가벼워질 수 없는 상황이다. 그녀의 전화는 잠시 잊고 있었던 그런 고통이 통째로 들어나면서 나를 헤집어댔다.

나는 지금 '사르가소' 바다에 빠져 헤어나지 못하고 있는 것만 같다. '죽음의 해역' 이라는 그 바다는 내 뼈와 갈가리 찢겨 흩어지는 살점들을 원하고 있는지도 모른다. 어쩌면 내 삶은 언제나 길고 긴 해초들에 휘말려 결국은 죽음의 길로 갈 수밖에 없는 그 마의 바다처럼, 그런 고통과 내가 감내하기 힘든 역경의 연속인지도 모른다.

아이들은 필요한 것들이 많을 텐데……. 사랑하는 아이들의 맑은 눈동자가 떠올라 한동안 피가 역류하는 고통으로 힘들었다.

아, 아, 내 아이들!

견디기 힘들게 고통스러울 때 나는 내 스스로 죽음의 길로 가는 환상에 빠지기도 한다. 하지만 그런 환상에서 소스라쳐 깨어나도록 만드는 것이 내 아이들이다. 그런 아이들이 지금 이 순간 얼마나 간절히 내 손길을 필요로 할까 생각하니 고통은 무어라 표현할 수가 없다. 준비물을 챙기지 못해 당황해 할 아직은 너무 어린 한나와 연호의 모습이 눈에 선해 힘이 빠졌다. 도연이랑 혜연이의 삶은 또 얼마나 고통스러울까? 아버지를 잘못 만났다고 제 운명을 원망하고 있는 것은 아닌지 모르겠다. 맏이로 항상 의연하게 처신하고 나를 위로해 주는 큰 아이 혜연이에게 더 미안했다.

어느 자식인들 소중하지 않고 어느 부모인들 자기 자식이 사랑스럽지 않으랴! 그러나 큰 아이는 유별나게 신경이 쓰이는 아이다. 부모를 잘못

열창중인 사람들 (1)

열창중인 사람들 (2)

만난 탓에 제 또래 아이들처럼 예쁘게 꾸밀 줄도 모르고, 어리광을 부리면서 제가 갖고 싶고, 하고 싶은 일을 고집 피울 줄도 모른다. 막무가내로 갖고 싶고 하고 싶은 것을 졸라대기라도 하면 덜 안쓰러울 터인데, 이른 나이에 철이 들었는지 큰애는 그런 적이 없었다. 어느 아이인들 소중하지 않으랴마는 그래도 맏이라서 내가 한 고생을 제일 많이 겪은 탓에, 그저 바라만 보아도 맘이 짠할 적이 많다. 해외 산행을 떠날 적마다, 내가 해야 할 일을 아내에게보다도 더 많이 부탁할 수밖에 없었던 사정으로 그 아이의 마음에 무거운 짐을 지어주었는데, 그 때마다 영락없이 그런 일들을 잘 처리하고 동생을 돌보아, 한편으로 든든하기도 하지만 어찌 마음이 아프지 않으랴!

그런 큰 아이라서 내 마음을 더 아프게 한다. 큰아이가 이번에는 또 얼마나 당황스러우랴!

눈에 눈물이 괸다. 서글픔에 젖어 눈을 감고 이런저런 생각을 몰아내려고 애쓰는데 귓가로 '목포의 눈물' 이 들리는 듯하다.

내 삶도 항구를 떠도는 배와 같다. 끊임없이 거친 풍랑을 이겨야만 항구에 도착할 수 있는 배! 그게 바로 내 인생이다. 오늘은 항구 목포에 잠시 닻을 내리고 머무를 뿐이다. 줄곧 거친 파도와 싸워야할게 분명한 내 인생에서 오늘은 항구에 머물렀으니 그저 아무 생각 없이 쉬었다만 가자.

그래, 목포는 항구다!

밤에 인천에서 온 이소희 본부장과 임영옥 친구, 그리고 이곳 목포 사람들을 만나 노래도 부르고, 이야기도 나누면서 잠시 삶을 잊어보았다.

● 2008년 11월 14일 (목포버스터미널-진도: 81.8㎞)

홍주의 고장 진도

⬆ 이소희 본부장과 고향친구 임영옥

어젯밤 늦게 잠자리에 들었는데도 생각이 많은 까닭인지 깊이 잠들지 못하고 뒤척이더니 일찍 잠에서 깨었다.

한참을 기다려도 본부장과 친구가 나오지 않아서 밖에서 서성이자니, 여행은 역시 혼자 하는 것이 편하다는 생각이 들었다. 자유롭고 싶어 떠난 길인데 누군가를 기다려야하고, 그 시간이 올가미처럼 나를 잡아 묶는 것 같이 여겨졌다. 본부장과 친구는 참 고마운 사람들이다. 내가 가는 길에 동행을 하면서 나를 격려하기 위해 먼 길을 마다하지 않고 온 사람들이다. 그런 고마움을 모르지 않는데도 며칠 동안 혼자서 자유롭게 시간을 보내고 움직이다가 누군가를 기다리게 되니 그게 귀찮아진 것이다. 나는 참 어쩔 수 없는 사람인가 보다. 늘 내가 우선인 사람이다. 아내도, 아이들도, 그리도 다른 주변사람들 보다도 늘 내가 우선인 그런 사람이다. 그러면서도 아이들을 지극히 사랑하는 아버지의 모습으로 아이들의 기억 속에 남고 싶은, 욕심 또한 많은 아버지이다. 그런 모순이 내 행동과 사고의 간극을 더 넓혀 이기적인 사람으로 만들고 있다는 생각을 두 사람을 기다리면서 해 본다.

잠시 쉬고 있는 이소희 본부장

아침식사는 콩나물해장국으로 먹었다. 어젯밤 여러 사람과 어울려 술을 조금 마셨기 때문이다.

9시 40분 목포를 출발하여 진도를 향해 길을 나섰다. 지난 밤 오늘의 일정을 두고 본부장과 생각이 달라서, 오늘 아침 어쩌면 나 혼자 길을 가게 될지도 모르겠다고 생각하였는데, 결국은 내가 생각을 바꿨다. 광주가 고향인 본부장이 나를 위해 특별히 진도를 소개해 주고 싶어 왔다기에 해남으로 곧장 가려던 생각을 바꾼 것이다. 이미 몇 번 찾아갔던 진도는 특별한 기억도, 추억도 없이 늘 밋밋해서 애당초 내 여행계획에 포함된 여정이 아니었다. 그래서 진도로 가자는 본부장의 계획에 별로 흥미가 일지 않았는데, 본부장이 이번에 제대로 진도를 볼 수 있게 해주겠다는 말이 고마웠다.

목포를 출발하여 삼호대교를 건너고 대불산단을 지난 후 77번 국도를 달렸다. 그리고 목포와 해남반도(화원면)에 연결된 금호방조제를 건너 금호도를 통과한 후 진도대교로 들어섰다. 진도대교에서 사진을 찍고, 이순신장군의 업적을 기리는 전첩비를 본 후 진도에 도착했을 때는 오후 2시였다.

점심은 군내지구 방조제 입구에 있는 대성가든에서 낙지 연포탕을 먹었다. 양배추부침을 서비스로 주고, 노란알루미늄 냄비에 끓여준 연포탕이 어찌나 양이 많은지, 식당주인아주머니의 넉넉하고 후덕한 마음씨까지 덤으로 먹어 뱃속이 정말 든든했다. 이곳 사람들의 마음씨를 아는지 호수에는 많은 철새들이 찾아와 한가로이 놀고 있었다.

진도대교

자전거를 달리고 있는 임영옥

군내지구 간척사업으로 생긴 군내호는 백조의 도래지라는데 오늘은 한 마리의 백조도 볼 수 없었다. 여름철새인 백조는 이미 따뜻한 남쪽으로 다 날아간 것이리라. 이렇게 넉넉한 사람들이 사는 호수에서 백조는 행복했을 것이다. 분명 이 호수는 뜨거운 여름 한 철 백조들의 행복한 낙원이었을 것이라는 생각이 들었다. 그리고 백조는 돌아갔다. 따뜻한 남쪽나라로……. 때가 되면 돌아갈 곳이 있다는 것은 얼마나 행복한 일인가?

하루가 끝나는 즈음에 가족들이 기다리는 따뜻한 집으로 돌아갈 수 있는, 그 단순한 일상의 반복이 사람을 얼마나 행복하게 하는 것인지 새삼 뼈저리게 느낀다.

나는 지금 돌아가고 싶은지도 모른다. 지치고 힘들고 고달프기만 한 이 여행을 그만두고, 따뜻한 집으로 돌아가고 싶은 것은 아닌가 하여 내 안을 깊이 들여다보는데 나도 나 자신을 모르겠다.

나도 알 수 없는 내 가슴 밑바닥은 무한히도 깊었다. 그리고 어두웠고, 혼란스러웠다. 알 수 없었다. 스스로를 알지 못한다는 한심함에 빠져 멍하니 호수만 바라보다가, 철새들의 후드득거리는 소리에 퍼뜩 정신을 차렸다.

백조를 못 본들 어떠랴! 아주 잠깐 백조가 없어 서운했지만 이미 떠난 백조는 내게 더 많은 것을 생각하도록 해 주었다. 그렇게 마음을 바꾸니 호수는 백조들로 가득했을 여름 어느 한때보다 더 많은 것을 보게 해준다.

백조도래지를 떠나 오후 4시에 도착한 곳은 청룡어촌체험마을이었다. 진도군에서 관심을 갖고 있다는 이 어촌마을은, 내가 찾아갔을 때는 체험을 할 수 있는 것도, 볼거리도 없었다. 때가 겨울인 탓이리라. 그리고 자전거를 타고 지나가는 나그네가 느낄 수 있는 것에는 한계가 있기 때문이리라. 간재미가 맛있기로 유명한 곳이라는데, 때가 아니니 그 맛조차 느끼지 못하고 떠난다. 여행만큼 때(時)가 중요한 것도 없다. 그렇다면 나는 지금 제 때에 맞춰 여행을 하고 있는 것인가?

어디 여행뿐이랴!

때(時)를 잘 맞추는 것이 어쩌면 삶의 목적인지도 모른다. 얕은 개펄에 그물을 쳐 놓았다가 썰물 때 빠져나가지 못한 물고기를 잡는 독살로 고기를 잡으며, 하루 한때 느긋하게 바다와 놀아보면 어찌 삶이 즐겁지 않으랴? 청룡어촌체험마을을 지나면서 그곳에서 느끼고 맛 볼 수 있는 것을 하나도 체험하지 못한 채 페달만 밟았다.

길가에 무화과가 많았다. 허락을 얻고 몇 개를 따먹어보니 제법 달다. 이것도 시장에 내다 팔면 경제적인 도움을 얻을 텐데 흔쾌히 무화과를 따먹도록 허락해 주신 아저씨의 인심이 입맛을 더 달게 했다.

오늘은 외롭지 않아 좋다. 혼자 하는 여행의 자유로움 속에 숨은 외로

무화과 따기

움을 감당하기 어려울 때 찾아준 두 사람이 정말 고맙다.

시미항 유원지를 찾아갔더니 날은 저물어 가는데 하룻밤을 쉬어갈 잠자리가 없었다. 마을 아주머니에게 물어보니 돌아가면 금방 나타난단다. 잠자리를 찾아 달리는 비포장 시골길이 정말 아름다웠다. 하지만 아주머니가 가르쳐준 방향으로 좁은 언덕길을 올라 한참을 달려가도 민박집을 찾을 수 없더니, 우리는 다시 청룡어촌마을로 들어서고 말았다. 그런데 이곳 민박집에서는 하룻밤 숙박비로 방 하나에 8만원을 내란다. 아무래도 오늘 밤 편안하게 잠을 자려면 진도 읍내가 나을 것 같아 발길을 다시 돌렸다. 오늘 진도대교를 건너면서 18번 국도를 달리지 않고 오른쪽 해안도로를 달렸기 때문에 진도 읍으로 들어가는 길은 초행길이다. 진도읍은 이 마을에서 그리 멀지 않단다. 너무 배가 고파 우선 초코파이를 사먹고 4~5㎞ 달려 숙소를 정했는데, 오늘은 아무래도 운이 좋지 않은 모양이다.

'프린스모텔' 이라는 이 모텔은 겉보기는 멀쩡한데 안으로 들어갈수록 점입가경이다. 행여나 누군가 이 진도에 들러 하루를 머물게 된다면 그곳에는 절대 가지 말라고 말하고 싶었다.

저녁은 모텔 앞 식당에서 갈치조림을 먹었다. 뒤늦게 잠자리를 찾느라 헤맨 오늘 하루가 너무 힘들어 소주 1병을 시켜 나는 반잔, 본부장은 한 잔을 마시고 술을 못하는 친구는 우리가 마시는 것을 구경만 했다.

진도에서는 홍주를 마셔야 하는데…….

누군가와 무엇을 함께 하는 것이 참 좋다는 것을 절실히 느낀 하루다. 내 여행길에 기꺼이 찾아와 여러 가지로 도움을 주는 두 사람에게 무어라 고마움을 표해야할지 자리에 누워 곰곰이 생각하다 잠이 들고 말았다.

● 2008년 11월 15일 (진도-조도: 75km)

사람이 더 아름다운 조도

9시에 숙소를 출발해 18번 국도를 달리다가 다시 마을길을 달렸다. 오늘은 조도를 들어가기로 했다. 팽목항에서 세 시간이나 기다려야 조도로 들어가는 배를 탈 수 있다기에 오전에는 진도의 마을들을 돌아보았는데 마을길이 정말 예뻤다.

세방리에서는 마을 할머니들이 나물을 뜯고 있는 모습도 보고, 유자나무도 많이 보았다. 특히 셋방낙조 휴게소가 인상에 남았다. 낙조 때 이곳에 한번 찾아와 바다로 떨어지는 해가 빚는 아름다움을 한번 보고 싶었다. 마사마을이란 곳에서는 맛있는 국물을 내는 다시멸치 말리는 것을 구경했는데 할머니들께 말을 잘해서 조금 얻기도 했다.

18번 국도에서 지방도로를 따라 팽목항으로 오는 길은 그 아름다움이 거의 환상이었다. 힘든 곳이 많았지만 아름다운 경관은 그것을 잊기에 충분했다. 팽목항에서 조도로 가는 배를 탔다. 20여분 뱃길을 달리니 조도 선착장에 도착하였다. 우선 숙소를 선해장 모텔로 정했다. 주인아저씨가 사람이 아주 좋았다. 점심은 바로 아래에 있는 식당에서 조기매운탕을 먹었다.

조도파출소 허기량 소장님

본부장은 힘이 든다며 숙소에서 쉬고, 친구랑 둘이서 자전거를 타고 조도 관광에 나섰다. 길을 잘 몰라 MTB자전거를 타고 지나가시는 분께 길을 물었더니, 이분이 조도파출소 허기량 소장님이셨다. 친절하신 소장님께서 도라산 전망대를 안내해 주시겠다면서 앞장서 달리셨는데, 얼마 못가서 소장님 자전거가 그만 펑크 나버렸다. 파출소 차가 와서 소장님은 차를 타고 가시고 우리 둘만 남았다. 지나가는 중학생에게 길을 물어서 가는데 도라산 전망대로 오르는 길은 상당히 경사가 가파른 길로 오르기 버거웠다. 친구는 뒤처지고 나만 먼저 올랐다.

도라산 전망대에서 바라보는 남해의 낙조는 내 언어로는 무어라 표현할 수 없도록 아름다웠다. 안타까운 것은 그 아름다운 곳에 흉물스럽게 서 있는 철제 송전탑이었다.

자연은 저들만이 어울릴 때가 가장 자연스럽고 아름다운 것인데…….

인간의 손에 의해 망가지는 자연이 어디 이곳 한 군데 뿐이랴 마는 이렇게 무지하게 훼손당하는 자연을 볼 때면 나는 가슴이 아프다.

자연은 또 얼마나 아팠을까?

도라산 전망대에서 본 조도 앞 바다

도라산 전망대에서 본 조도의 일몰

아름다운 조도

말도 못한 채 인간에게 망가지는 그 순간, 자연의 고통은 고스란히 우리의 후대의 고통이 될 것이라는 두려움이 가슴에서 일었다.

전망대로 오를 때 너무 힘이 드니까 러시아 엘부르즈에 오를 때 고통스럽던 기억이 떠올랐다. 벌써 열흘이나 되어가는 여정에 체력이 바닥이 났는지, 오늘 이곳을 오르는 것이 유럽 최고봉이라는 엘부르즈를 오를 때보다 더 힘든 것 같았다. 이곳은 오르는 길도 힘들었지만 내려가는 길도 또 그만큼 위험했다. 초보자전거 여행자라면 정말 조심해서 오르고 내려야 할 길이었다.

함께 길을 나섰던 친구는 나보다 더 힘들어해서 올라오는 것을 포기한 줄 알았더니 기어이 올라왔다. 대단한 친구라는 생각이 들었다. 남자인 나도 이렇게 힘이 드는데 힘이 약한 여자의 몸으로 끝까지 포기하지 않고 올라오는 것을 보면서, 나도 이 여행길에서 결코 주저앉지 말아야겠다는 다짐을 들키지 않게 해보았다. 친구는 힘들게 올라왔는데 아름다운 일몰을 못 보았다. 일몰도 때를 맞춰야만 볼 수 있는 아름다움이라서 그 때를 놓치고 만 것이다. 혼자만 그 아름다움을 본 것이 정말 미안했다.

친구는 옛날 내장산에 갔을 때 등산에 대해 잘 몰라 복장도 산행에 알맞지 않았고, 등산화도 신지 않아서 너무 힘들었지만 다른 사람들에게 피해주기 싫어서 표 안내고 참느라 힘들었다는 이야기를 했다. 내장산에

아름다운 조도 풍경

서리한 무를 먹는 친구

서 돌아와 꼬박 일 주일을 앓았노라고 실토를 한다. 나도 그 산행에 함께 했었는데 친구가 그런 고통 속에서 내장산을 오르고 내렸는지 몰랐었다. 오늘 도라산 전망대까지 오르는 것을 보니, 이 친구는 목적을 정하면 어떤 어려움이 있어도 꾸준히 나아가는 사람이란 생각이 들어 다시 보게 된다.

목표를 포기하지 않는 친구 임영옥

여행은 이렇게 사람을 다시 보게 해 준다. 여행을 하다 보면 굳이 나누어 보려고 하지 않아도, 사람들이 두 부류로 저절로 나뉘어진다. 여행에서는 일상에서 겪을 수 없는 어려움을 마주하게 되는데, 그런 때 하는 행동을 보면 다시 또 함께 여행을 하고 싶은 사람이 있고, 절대로 함께 하고 싶지 않은 사람이 생긴다. 오늘 친구는 여행을 함께 하기에 아주 좋은 사람으로 여겨졌다.

돌아오다가 길옆 무밭에서 무를 서리해 껍질을 벗겨 먹는데 아삭거리는 무가 사과처럼 달콤하였다.

조도의 신기한 바닷속 우물

전화벨이 울려서 받아보니 본부장이 걱정이 되어서 마중을 나오는 중이란다. 셋이 길을 가는데 우리가 걱정이 된다면서 소장님도 자전거 펑크를 때우고 우리를 찾아오고 계셨다. 시골의 후덕한 인심을 느끼자 마음도 따뜻해졌다.

전망 좋은 곳이라는 곳에 약수터가 있어서 반가움에 물을 마시려고 했더니, 소장님이 수질검사를 하지 않아 먹을 수 없다며 말린다. 이런 곳에 있는 약수터가 수질검사가 되어 안전하다면 여행자들에게 정말 좋은 물을 제공할 텐데 아쉬웠다.

알고 보니 허소장님도 자전거 마니아셨다. 그리고 본부장과 같이 광주가 고향이었다. 소장님은 조도해안관광을 시켜주신다며 우리를 안내하셨다. 조도해안의 모래사장은 사구비행장이란다. 오래전 백령도에 갔다가 풍랑에 갇혀 어쩔 수 없이 며칠 동안 그곳에서 시간을 보냈던 기억이 난다. 백령도 해안의 모래사장도 사구비행장이었었다.

경찰차를 타고 조도를 돌아보다가 정말 신기한 우물을 보게 되었다. 바닷가에 샘물이 하나 있는데, 이 샘은 밀물 때에는 바다 물속에 있다가 썰물이 되면 물을 떠먹을 수 있단다. 옛날에는 이 우물에서 물을 길어다 마을 사람들이 먹었단다. 신기한 우물 사진을 찍으려니 소장님께서 자동차의 서치라이트를 켜서 불을 비춰주었다. 그리고 파출소까지 데리고 가서 차도 주셨다. 헤어질 때는 뜨거운 마음으로 악수를 나눴다. 긴 인생에서 잠깐 마주친 인연이지만 아주 오래 기억될 인연이란 생각이 들었다. 저녁 식사에 초대를 했는데 굳이 마다하신 소장님은 체격은 왜소하셨지만 마음만큼은 조도 바다보다 넓은 분이셨다.

저녁을 먹으려고 들린 선창횟집은 정말 볼품없는 식당이었다. 달랑 테이블 두 개가 식당의 전부였다. 좁은 공간을 더 좁게 만드는 삼천 평으로 불릴 넉넉한 몸집의 주인아주머니의 전라도 말씀은 정말 구수했다. 돼지고기를 삶아 수육을 해달라고 했더니, 이미 술에 거나하게 취한 아주머니가 막무가내여서 결국은 손님인 내가 냉장고에서 돼지고기를 꺼내어 칼로 자르고 준비를 해서 내 방식의 수육을 만들어 먹었다.

식당에 손님으로 가서 내가 요리를 해 먹어보다니……. 이번 여행길에는 별별 경험을 하게 된다.

우리 숙소의 주인까지 합석하여 어찌나 웃고 떠들었던지, 정말 그 순간을 비디오로 찍어 다른 사람들에게 보여주면 개그콘서트의 한 꼭지로 부족함이 없었을 것이다.

⬇ 조도를 소개하는 허기량 소장　⬇ 나물 손질하는 할머니들　⬇ 선창횟집에서

걸걸한 주인아주머니의 입담에 모두 배를 잡고 웃었다.

이렇게 사람 사는 게 별거 아닐 수도 있는데…….

나는 왜 이렇게 힘든 것인지…….

함께 웃으면서도 나는 내가 힘들었다. 노래방에 가자고 했지만 이곳이 여행의 종점도 아닐뿐더러 피곤하기도 해서 그만 두었다.

3개 부락으로 이루어진 조도는 4천여 명이 사는데 범죄가 없는 섬이란다. 주민들 중 반은 어업에, 반은 농업에 종사한단다. 오늘 마을을 돌아볼 때, 이제는 아이들 소리가 들리지 않는 폐교를 많이 보아서 마음이 아팠었다. 우리나라 농촌마을이 겪는 이농현상에서 결코 자유로울 수 없는 그런 조건을 가진 시골일 뿐이었다.

무서리를 해 먹은 밭 건너편도 폐교였다.

시골이 걱정이다.

내 고향 합천도 시골인데…….

유자과수원

● 2008년 11월 16일 (조도-해남 송호면 엄남리: 116km)

땅끝 마을은 어디쯤에…….

푹 잠을 자야 피로가 풀릴 텐데 새벽 4시 반쯤 잠에서 깼다. 아마도 마음이 편안하지 않은 모양이다. 힘이 들어서 잠자리에 쓰러지면 죽은 듯이 잠들 것 같은데, 그러지 못하는 것을 보면 역시 몸의 편안함보다 마음의 평온함이 더 우선되어야 하는가 보다.

조도는 바다에 떠 있는 섬이어서 그런지 아니면 지금 육지에도 바람이 많이 불고 있는지 아침 바람이 날카롭다. 다른 사람들은 아직 일어나지 않은 것 같아 혼자 등대를 찾아가려고 길을 나섰다. 등대로 가는 길은 숙소에서 5km가 되었다. 처음 1킬로미터는 시멘트포장길이고 나머지는 비포장길인데 도로 형편이 좋지 않았다. 형편없이 좁은데다가 험하고 거기에 언덕까지 종종 나타나니 산악라운딩을 방불케 한다. 울퉁불퉁한 곳에서는 엉덩이에 충격이 전해져 이른 댓바람부터 몸이 힘들어한다. 하지만 등대에 도착하기 전 260m 정도는 블록 포장을 해 놓았는데 아주 아름다웠다. 손끝 야무진 장인(匠人)의 솜씨를 보게 되는 것은 언제나 기분 좋은 일이다.

등대 앞 전망대에 서니 바람이 장난이 아니다. 바람이 심한데도 안개가 완전히 걷히지 않아서 보이는 것도, 볼 수 있는 것도 별로 없었다. 조

용한 아침바다를 혼자서 맞고 싶었던 마음이 속상하였다. 섬에 오면 난 늘 조용한 아침바다를 보고 싶다. 하지만 이 꿈은 생각보다 이뤄지기가 어렵다. 바다는 언제나 소용돌이치고 바람에 흔들리고 그리고 거칠게 용틀임하기 일쑤다. 얼마나 많은 사람들의 한이 저 넓은 바다에 가라앉아 있을까? 바다는 또 바다대로 또 얼마나 많은 한이 있을 것인가? 세상을 다 안을 수 있을 만큼 넓은 품을 가진 바다가 저리 몸을 뒤트는 데는 그만한 까닭이 있을 것이지만 오늘 아침 이 섬에 불어오는 바람은 조금 야속하다.

조용한 아침 바다를 마주하고 서서 내가 진정 하고 싶었던 것은 무엇이었을까? 무슨 생각을 하고 싶었던 것일까? 얼굴을 때리는 바람을 마주하고 서서 내가 하고 싶었던 것이 무엇인지 그 실체를 그려본다.

진정 하고 싶은 것…….

글쎄, 그것이 무엇인지 알 수 없어 답답하다. 나는 어쩌면 지나친 허세를 부리고 있는지도 모른다. 아니 어쩌면 허영 속에 파묻혀 헤어나지 못하고 있는지도 모른다. 그래서 내 실체를 제대로 보지 못하고 이렇게 떠돌고 있는 것은 아닌지…….

조도의 아침 바람은 나조차도 흔들어 대고 있었다.

어제 저녁을 먹은 식당에 가서 아침을 먹었다. 그런데 이곳이 어두울 때와는 완전히 다른 모습이었다. 그 불결함에서 오는 비위생적인 면면들이 내 식욕을 완전히 망쳐버렸다. 나는 유독 비위가 약한 사람이라서 눈으로 보게 되는 먹을거리 환경에 따라 배탈이 잘 나는데 슬그머니 걱정이 생겼다.

8시 20분 선착장에서 배를 타고 진도의 팽목항으로 왔다. 오늘도 해안을 따라 달릴 계획이었지만 두 사람이 너무 힘들어해서 18번 국도를 타고 진도읍 방향으로 길을 잡았다. 오는 길에 고려시대 몽고군에 끝까

배종손 동상

지 항전했던 배중손 장군의 사당도 들러보고 남도 석성도 돌아봤다.

길은 생각보다 더 많이 힘들었다. 길이 험난해서라기보다는 연속되는 강행군으로 내 체력이 고갈되어가고 있기 때문일 것이다. 나뿐만 아니라 두 사람도 힘들어한다. 길 가 무밭에서 밭주인을 만나 허락을 받고 무를 뽑아 먹었다. 어제 조도에서 서리해 먹은 무맛이 어찌나 좋았던지 그 맛을 기억하고 무를 얻는 것인데, 이곳의 무는 너무 맵고 아려서 먹을 수가 없었다.

같은 무인데…….

섬과 섬은 그 땅 속내가 많이 다른가보다. 어찌 땅 속 뿐이겠는가? 그 무를 돌본 인간의 손끝도 다를 터이고, 가까운 섬과 섬이라고 하더라도 무가 자라는 동안 비바람뿐만 아니라, 아주 사소한 자연 조건도 달랐을 것이다. 그래서 이렇게 맛이 전혀 다른 무가 되었을 것이다.

무였기에망정이지 사람이었다면 진도의 무밭 같은 곳에서는 어떤 인간이 되었을까? 나는 어떤 손끝과 어떤 환경에서 자라 오늘 내 모습이 되었는가?

어머니의 손길이 그립다. 한없이 따뜻하고 자애롭기만 했던 사랑의 손길. 못난 큰 아들을 유별나게 사랑하셨던 분이 내 어머니시다. 어머니는 성품이 곱고 바지런하셨던 분이라서 잠시도 쉬시는 적이 없었고, 한없이 넓고 크셨던 마음은 언제나 어렵고 힘든 사람을 사랑하는 마음으로 대했으며 따뜻함으로 늘 넘쳤다. 그 어머니의 지극한 손길에서 자란 내가 오늘은 말할 수 없이 부끄럽다. 그리고 보고 싶다.

살아생전의 모습으로 한번만 이 아들을 찾아오시면 얼마나 좋을까? 난 어머니의 가슴에 한으로 박힌 아들이다. 그 가슴의 속내를 겉으로 표현하신 적이 없으시지만 어찌 내가 모르랴! 보고 싶다. 미치도록 어머니

석성 앞의 예쁜 다리

남도 석성

가 보고 싶다.

따뜻한 가을 오후 햇살이 든 사랑채 툇마루에 어머니하고 마주 앉아, 텃밭의 무 하나를 뽑아다가 손톱으로 껍질을 벗겨 나눠 먹으면서 사는 얘기를 주고받을 수 있는 사람은 얼마나 행복할까?

그 누군가가 마냥 부럽다.

어머니, 아아 내 어머니!

가슴으로 그리움이 북받쳐 오르며 울컥거린다.

진도의 매운 무는 결국 내 목울대를 넘지 못하고 땅바닥으로 뱉어지고 말았다. 바닥에 떨어진 무 조각을 바라보며 그렇게 버림받지 않기 위해 발버둥치는 것이 결국 삶의 모습이 아닌가하는 생각을 해 본다.

삶은 그렇게 고달프다. 때론 달콤하기도 하지만 대체적으로 내 삶은 고달프다. 그 고달픔에 지쳐 나는 지금 도망치고 있는 것은 아닌가 하여 되돌아본다.

진도읍 시외버스 터미널에 도착하니 11시 30분이 되었다. 오늘 진도에서 두 사람과 헤어지기로 하였다. 헤어지기 전 본부장이 앞으로 긴 일정이 남은 내 체력을 보강할 필요가 있다며 보감정이라는 식당에서 한방약 오리탕을 사주어 든든하게 먹었다. 네 사람이 먹어도 넉넉할 정도로 푸짐한데 가격은 6만 5천원이었다.

너무 양이 많아 결국 다 먹지 못하고 포장을 부탁해 나와 친구가 각각 나눠가졌다. 두 사람은 나를 지원하러 온 길이라면서 첫날 냈던 내 몫의

보감정 한방 오리탕

우항리 공룡박물관

회비를 고스란히 돌려주었다. 한사코 안 받으려고 했지만 결국 내 손에 쥐어주고 떠났다. 참 고마운 사람들이다.

본부장은 오랫동안 자전거 동호회 활동을 했고, 이 지역 대부분을 이미 라이딩 한 경험이 있어 내게 아주 많은 것을 보고 느끼게 해주었다. 그 고마움을 어떻게 말할 수 있으랴! 친구의 고마움도 말로 표현할 수 없다. 말없는 응원이 내게 얼마나 힘이 되었는지 친구는 알까? 고달픈 인생에서 이런 사람들을 만날 때 우리의 삶은 때때로 달콤해져 또 살아갈 에너지를 얻는 것이 아니겠는가?

두 사람은 오후 2시 10분에 출발하는 버스를 탈 예정이어서 1시 10분에 내가 먼저 출발했다. 터미널에서 왕복 4차선 도로인 18번을 타고 달리는데 금방 터널을 만났다. 약 4~500여 미터 정도는 됨직한 터널을 벗어나 조금 달리자 오르막을 만났다. 힘겹게 오르막을 오르는 중에 인천으로 가는 금호고속버스가 지나가는 것이 보였다. 언뜻 차창으로 두 사람의 실루엣을 보았다고 느꼈는데 저녁에 본부장과 전화를 하다 보니 제대로 본 것이었다. 본부장은 힘겹게 오르는 내 모습에 가슴이 짠했단다.

해남군 황산면 남리 교차로에서 3km정도 들어가면 있는 우항리 공룡화석 자연사 유적지에 들렀다.

기억을 잃어버렸다 되찾은 후로 내 옛날은 아직도 많은 부분이 마구 뒤죽박죽 엉켜있어 가끔씩 나를 당황하게 만든다. 첫째는 뒤섞여버린 기억이 온전한 하나처럼 또렷해 나를 혼란스럽게 할 때가 많고, 둘째는 중간 중간 사라진 기억이 또 나를 불안하게 하는 때가 있다. 우항리 공룡유적지는 분명 다녀간 곳이라고 생각했는데 막상 와보니 기억과 많이 달라 자신이 없었다. 입구에서 국가유공자 확인증을 내었더니 똑똑한 여직

박물관 안에서

원이 나는 50%를 내야한단다. 자전거를 잠궈 놓고 배낭은 사무소에 보관한 후 걸어서 유적지로 들어가는데 속이 좋지 않았다. 어쩐지 아침 조도식당의 불결함이 떠오르는 것이 심상치 않게 느껴지더니 기어이 설사를 하고 말았다. 그나마 관람객이 적어 편안한 마음으로 화장실에서 볼 일을 보게 되어 다행이었다.

이곳은 공룡뿐만 아니라 익룡과 다양한 새 발자국의 화석 때문에 공룡의 생태를 연구할 수 있는 중요한 곳이란다. 하지만 내 기억 속의 우항리가 아니어서 난 사뭇 불안하고 마음이 편치 않았다. 도대체 내 기억 속 우항리는 어디란 말인가?

관리사무소의 똑똑하고 친절한 여직원에게 더운물을 얻어 700ml 등산용 날진 물통에 반을 채운 후 다시 길을 나서며 시계를 보니 4시 40분이었다. 오늘은 이때 물을 반만 채운 것을 정말 많이 후회했다. 가야 할 길은 끝나지 않았는데 목마름은 견딜 수가 없었고, 주변에서 물을 구할 곳이 없어 갈증으로 더 힘들었다. 본부장이 알려준 숙소와 내 옛 기억을

이곳에서는 부안 변산의 채석강이 떠올랐다

더듬어 잠자리를 찾으며 길을 가는데 쉽게 보이질 않는다. 5시 30분쯤 민박 하나를 만났는데, 이곳은 여름엔 민박을 하지만 겨울에는 난방비가 비싸서 운영하지 않는단다. 이렇게 난감한 일이 있을까? 한참을 더 달리며 숙소를 찾았다.

고천암 방조제를 지나치고 77번 국도를 달린 끝에 화산면에서 13번 국도를 만났다.

황산에서 영곡이란 곳으로 오다가 대단한 사람을 만났다. '남상범' 이라는 분인데 우리 국토를 걸어서 10바퀴 도는 것이 목적이란다. 서울의대 홍보대사로서 현재 7바퀴째 돌고 있는 중이란다. 10바퀴를 다 돌면 25,000km를 걷는 것이 된다니 정말 대단하였다. 배낭에 걸린 다양한 깃발이 인상적이었다. 점심에 보감정에서 포장해온 오리를 한 개 건네면서 불편하지 않으면 같이 잠자리를 찾아보는 것이 어떤지 물었더니 사양한다. 그런데 어디선가 본 적이 있는 낯익은 인상이어서 생각을 잘 해보니, 지금 내 사무실이 있는 땅을 계약할 때 그 부인과 함께 만났던 사람이었다. 그때 대한민국 치과협회 회장이라고 했던 것 같았다. 사람 인연이 참 우습다. 내가 오늘 여기서 저 사람과 만날지 어찌 알았겠는가?

화산면 방축사거리에서 (구시교차로) 우회전하여 13번 국도를 다시 만났다. 날은 저물어 가는데 여전히 잠자리를 찾지 못해 걱정하던 참에 지나가는 경찰에게 물었더니 이곳에서 적어도 26km는 더 가야 잠을 잘 곳이 나타난단다. 큰일이다. 물도 바닥이 난지 오래전이고 체력도 급격히 떨어지는데다가 흐린 하늘은 이미 해가 져 사방은 어둠에 잠기기 시작했기 때문이다. 정말 눈앞이 캄캄했다. 더욱이 갓길이 없어 쌩쌩 달리는 차를 만날 때는 오금이 저렸다. 너무 목이 말라 길 옆에 있는 민가에 염치 불구하고 들

힘이 들어 잠시 쉬다

어가 사람을 불렀더니 놀란 아주머니가 물을 주었다. 날이 너무 어두운데다가 내 차림이 사람을 놀라게 한 모양이다. 잠을 잘 만한 곳을 물었더니 여기서 가까운 곳에는 없다며 여러 걱정을 하는 중에 아저씨가 나와 아주머니를 만류하는 것을 보고 미안해 얼른 나왔다. 불편한 기색을 온 얼굴에 드리운 아저씨는 나처럼 떠돌아다니는 사람에 대한 인식이 아주 안 좋은 모양이었다. 공연히 남의 일에 관여하지 말라며 아주머니를 제지하는 말투와 행동이 싸늘했다. 그 아저씨를 탓하는 마음보다는 내가 사는 세상의 인심이 변하고 있는 것을 보는 것 같아 슬퍼졌다.

그 집에서 나와 조금 올라가니 완도에서 땅끝 마을로 들어가는 차들을 많이 만나게 되었다. 그런데 이 길은 지금 공사 중이어서 더 위험했다. 길이 갑자기 2차선으로 줄어드는데다가, 갓길은 아예 없어지고 공사 중 중앙선을 표시하는 플라스틱 붉은 통들이 이리저리 어지럽게 놓여있어 길이 복잡했다. 그 부근 200여 미터를 달릴 때는 내 옆을 달리는 차에게 딸려 들어갈 것처럼 휘청거려 균형을 잃을 것 같았다. 그리고 갓길이 없어 막무가내로 달리는 차를 피하다가 도랑으로 빠질 뻔하였다. 그런 불안함은 손잡이를 잡은 손에 나도 모르게 힘을 주어 쥐가 날 정 도로 아팠다. 날이 어두운데다가 빨리 달리는 차에서는 작은 내 자전거 후방등을 볼 수 없는가보다. 그러다가 갑자기 내가 나타나니까 놀랐는지 경보기를 빵빵 울려대며 쌩쌩 달려대는 통에 몸도 마음도 휘청거렸다.

화물차를 만나면 모텔이 있는 곳까지 데려다 달라고 할 생각도 있었지만 차들이 하도 달려대는 통에 그럴 엄두를 낼 수도 없었다. 도대체 이런 시골길에서 왜 저렇게 급히 달리는 것일까? 이길 끝에 만나는 것은 결국 국토의 끝일뿐인데 말이다. 빨리 달려야만 하는 그들의 세세한 사정을 알 길이 없지만, 그렇게까지 과속을 하면서 공사 중인 시골길을 급히 달려 가야하는 그들이 못내 안타까웠다.

우리는 느림을 배워야하는 민족이다. 어디를 가나 급하고 빠른 것을 원하는 민족성이 이런 밤 저리 서두르게 하는 것은 아닌지 모르겠다. 나도 마찬가지이다. 나도 이 여행에서 느려지는 법을 배워 매사에 신중하고 느긋하게 그래서 정확하게 판단하는 지혜로운 사람으로 변해야 한다.

그런 도로를 벗어나자 길옆에서 과일을 파는 사람들을 만났다. 그곳에서 땅끝 마을까지는 18여 킬로미터를 더 가야하고 모텔은 10킬로미터 이상 가야할 것이란다. 하는 수 없이 밤길을 또 달린다. 동네 슈퍼도 지나고 LG주유소도 지나고 오르기 힘든 언덕도 만났지만 멈출 수 없는 내 사정에 죽을힘을 다해 올랐다.

그래도 이런 힘든 길에 내 친구 탱크가 있어서 다행이었다. 혼잣말로 서로 주고받으면서 위안을 삼아 페달을 밟는데 가장 위험한 것은 밤길에 라이트를 밝히고 달려드는 자동차였다. 차들이 연속으로 달려올 때는 그 차들의 불빛이 위험하면서도 그나마 도움이 되는데, 어쩌다 달려오는 한두 대의 차는 정말 두렵게 했다. 차들이 나를 발견하지 못하고 달려들 것 같은 불안함에서 오는 두려움과, 아주 짧은 순간 빠르게 길을 비추다가 사라지는 자동차 불빛에 노출된 눈이 어둠에 익지 않은 채로 길을 가야 하는 상황이 너무 위험한데서 오는 두려움이었다. 그나마 다행인 것은 나와 같은 방향으로 들어가는 차보다 반대편 차로를 달리는 차가 많다는 것이었다.

그렇게 위험한 밤길을 달려 신정사거리를 만났다. 1km 정도의 먼 거리에서 모텔을 알려주는 불빛이 보였다. 내 생에 모텔 불빛이 그렇게 반가운 적이 있었던가?

정말 반가웠다. 망연히 서서 어둠에 싸인 20여 km를 달려온 생각을 하니 눈에서 왈칵 눈물이 쏟아졌다. 나는 어쩌자고 이 험난한 길을 떠났는가? 무엇에 떠밀려 이리 헤매고 있는 것인가? 왜 나는 오늘 여기서 이렇게 단내 나는 숨을 고르며 힘겨워해야 하는가? 삶은 얼마나 더 나를 담

금질해야 만족할 것인가?

엄남마을 입구에 있는 한솔모텔!

이곳은 내 생애에서 제일 반갑게 만난 잠자리 중 한 곳이다. 모텔에 도착한 나는 맥이 풀려 물만 마셔댔다. 방값은 3만원이었다. 주인아저씨가 친절하게 탱크를 지하창고에 보관해주셨다. 이제까지 고생을 함께 한 친구라서 한 방에서 보내면 좋겠지만, 2층으로 자전거를 끌고 올라가기도 벅차고 주인에게 미안하기도 해 아저씨 말씀에 따랐다.

방에 들어와 온수기에서 뜨거운 물을 받아 커피를 타고, 오리 싸온 것으로 허겁지겁 저녁을 때웠다. 앞으로는 오늘처럼 무리한 일정을 잡지 말아야겠다. 오후 4시 정도에 잠자리를 만나면 더 이상 진행하지 말고 멈춰야겠다고 다짐을 했다. 시골은 생각처럼 쉽게 잠자리를 구할 수 없다는 것을 간과해서는 안 되겠다. 오늘은 거리가 멀기도 했지만 말이다.

욕조에 더운 물을 받아 몸을 푹 담그고 나니 피로가 조금은 풀리는 것 같았다. 아픈 무릎과 허벅지에 근육이완제도 바르고 자전거에 쓸려 쓰라린 곳에 연고도 발랐다. 이렇게 쓰라린 상처가 있는데도 얼마나 힘들었으면 조금 전 뜨거운 물에 들어갈 때는 고통을 느끼지 못했을까? 그만큼 어려웠던 것이리라.

힘든 하루를 말끔히 정리하는 기분으로 피곤에 지친 몸으로 면도까지 하고 잠자리에 들었다.

● 2008년 11월 17일 (송지면 엄남리-강진읍: 70㎞)

다산선생을 만나고 싶었는데…….

두마리가 만나 완벽한 하트를 이룬 사랑조개

아침에 일어나 밖을 돌아보니 엷은 안개 속에 보이는 작은 집들과 조용한 해안선, 그리고 바다에 떠 있는 고깃배들이 보기 좋다. 이런 풍경을 볼 때면 나는 마음이 편안해진다. 어젯밤에는 이렇게 바다가 보이는 곳이라는 생각을 못했었다. 그저 잠자리를 찾아 피곤한 몸을 빨리 뉘일 생각에만 급급했었고, 밤에 갓길이 없는 찻길을 달리게 되니 너무 위험해서 사고를 당하지 않으려는 생각에만 빠져 주변을 느낄 여유가 없었다. 하긴 이미 어둠에 완전히 싸여 주변을 느낄 수도 없었지만 그래도 위험한 차들만 아니었다면 밤이 주는 묘한 매력을 느낄 수도 있었을 텐데 말이다.

적당히 가려주고 적당히 보이지 않는데서 오는 비밀스런 느낌은 밤이 주는 매력이다. 언제나 정확히 보아야 인정할 수 있고, 분명하게 확인을 해야 만족할 수 있는 삶은 너무 투명해서 매력이 적다. 어둠 속에서 이루어지는 많은 일들 중 일부분은 그 매력에 빠져 때론 합리적이지도 못하고, 합법적이지도 못할 때가 있지만 바로 그것이 어둠의 매력이 아닐까?

산다는 일이 어디 산술적인 계산처럼 이가 잘 맞아 돌아가는 톱니바퀴

바닷가 마을의 아침풍경 - 고즈넉하다

처럼만 되는 것이 아니고 보면, 때론 어둠에 빠져 스스로를 풀어 놓고 맘껏 자유로워져 보면 더 재미있을 것이다. 물론 정신을 차려야하는 때를 정확히 맞춰 본래의 자신으로 돌아와야 한다는 단서가 붙지만 말이다.

한솔모텔에서 100여 미터 떨어진 식당에서 아침을 먹었다. 밥을 먹으면서 주인 아저씨와 이야기를 주고받다가 이곳 개펄에서 조개를 많이 잡아 서해안으로 팔았는데, 태안바다 기름유출사건 이후 서해안 쪽으로는 판로가 막혀 경제적 손실이 막대하다는 말을 들었다.

태안바다 기름유출사건! 그 말을 듣자 가슴이 아파왔다. 온 국민이 가슴 아파했던 바다의 오염, 텔레비전만 틀면 검게 변한 바다를 보며 발을 동동 구르고 오열하는 사람들의 모습을 어렵지 않게 볼 수 있었다. 친구하고 태안 파도리 앞바다로 봉사활동을 하러 갔을 때, 국민들이 기름을 닦으라고 보내준 옷더미에서 손자들이 입을 만한 옷을 골라내며 눈물짓던 할머니들이 떠올랐다. 그 오염은 삶의 터전을 바다로 하고 있는 사람들의 인생을 송두리째 무너뜨리고 있었고 최소한의 자존심마저 지킬 수 없게 만들고 있었다.

아저씨께 검은 기름이 뒤덮은 해안을 찍은 사진을 보여주면서 얼마나 심각한 상황이었는지 자세히 말씀드렸다. 그리고 함께 속상해 했다

몇몇 사람들의 부주의와 안일한 생각으로 인해 일어났던 그 기름유출사고 피해의 파장이, 바로 그 앞바다에 한정되지 않고 무한대로 퍼져나갔음 실감하는 순간이었다. 인간이 자연 앞에 얼마나 겸손해야 하고, 자연을 얼마나 소중히 다뤄야 하는지 알려주는 사건이기도 했던 기름유출사건!

바다를 걱정하는 아저씨

그때 작은 힘이나마 보태기 위해 그 바다를 찾아갔던 일이 정말 잘한 것이라는 생각이 들었다.

밥값을 내려고 했더니 아주머니께서 아저씨가 드시는 밥상에 밥 한 그릇만 더 가져다 준 것이라며 밥값을 안 받는다고 하셨지만 영업 하는 집에 첫 손님으로 들어가 공짜로 먹을 수는 없기에 기어이 5천원을 냈다. 교회에 나가신다는 주인아주머니는 주일에 내 마음으로 헌금하겠다며 미안해하셨다. 시실인즉슨 5천원을 내기에는 조금 미흡한 밥상이긴 했다. 하지만 그나마도 고마운 일이 아닌가!

아침을 먹고 출발하여 9km 정도를 달렸더니 9시 40분 정도에 땅끝마을에 도착하였다. 여러 차례 찾아온 곳이어서 자전거로 빙 돌아본 후, 곧바로 다시 77번 국도를 타고 강진 방향으로 출발했다. 6.5km 정도를 달려 통호리에 있는 자연사박물관을 찾았다. 입장료 3천원을 내고 들어가 다양한 조개들과 해양생물들의 흔적을 보았다.

이곳에 근무하는 젊은 남자로부터 극락조와 사랑조개에 대해 자세히 들을 수 있었다. 특히 사랑조개는 암수 두 조개가 만나 서로 맞물릴 때면 완벽한 하트모양을 이룬다는 것이 신기했다. 보통 조개는 위아래로 벌리지만 사랑조개는 특이하게 좌우로 입을 벌려 물리면서 수정을 하는데, 이때 우리 사람의 심장을 닮은 하트가 된단다.

패류에게 인간의 심장이며 하트가 무슨 의미가 있겠는가? 그들은 자연스런 생체리듬에 따라 번식을 위한 행위를 한 것이고, 오랜 세월 진화를 통해 지금 이 모습이 번식에 가장 유리했을 뿐일 터이다. 그런 것에 인간의 생각으로 사랑조개라고 이름 붙인 것이지만 어쨌거나 암수가 만나야 완벽한 모양을 이룬다는 점에서 사랑조개라는 이름이 결코 허명은 아니라는 생각이 들었다.

살면서 완벽한 짝을 만나는 것보다 더한 행운이 있을까?

완벽한 반려자를 만나길 소원하고 그 소원이 이루어지길 바라는 것보다는, 지금 내 곁을 지키는 상대에게 완벽한 짝이 되기 위해 노력하는 것이 더 쉽고 아름답다는 것을 알고 있으면서도 늘 불만인 것은 어쩌면 끝없는 욕심 때문인지도 모른다. 너무나 잘 알고 있으면서도 모른 체하는 것이 더 힘 드는데도 나는 미련하여 늘 다른 곳에서 방황하고 있다.

사랑조개!

조개의 자연스런 생태에 인간들 삶의 한 단편을 이름으로 붙여 놓고 오가는 사람들의 눈길을 잡아끄는 얄팍한 재치가 오늘은 넉넉한 마음으로 이해된다.

사랑! 우리네 삶에 이것보다 더 좋은 것이 어디 있으랴!

그것도 남녀간의 사랑이 아닌가!

동물적인 본능에서 갈구하는 사랑도 좋고, 영장류의 으뜸으로 자리매김한 위치에서 느끼는 고매함으로 표현되는 그 사랑도 남녀간의 원초적인 사랑 못지않게 좋다. 인간의 삶이 영속되는 이유가 바로 사랑의 힘이 아니던가? 그 사랑의 이름으로 불리는 조개를 한참 동안 바라보다 나왔다.

사랑…….

아직 사랑할 수 있는 마음이 있다면 그건 살아갈 이유로 충분하다는 생각이 들었다. 나는 우리 아이들을 정말 사랑한다. 그래서 치열하게 살

박물관에서

사랑조개

핏빛 꽃을 피운 동백나무가 많았다

아야 한다.

박물관에서 나오자 사구리(里)로 가는 길이 곧바로 오르막으로 이어진다. 계속되는 강행군으로 오르막을 만나면 힘이 부친다. 그만큼 내 에너지가 고갈되었음을 느낀다. 그러나 버거워도 오르는 것 이외에는 다른 방법이 없으니 탱크와 힘을 합쳐 묵묵히 오를 뿐이다.

조도와 진도에서는 밭에서 대파를 많이 기르던데 이곳 해남 땅에는 마늘을 많이 심었다. 같은 땅, 같은 기후이라도 조금만 위치가 다르면 잘 자라는 식물이 이렇게 달라지는 모양이다. 위치만 다른 것이 아니고 땅속 사정도 다를 것이다. 하지만 농사를 제대로 지어본 적이 없어 땅속 사정을 잘 알지 못하니 신기할 뿐이다.

어찌 위치와 땅 속 사정뿐이겠는가? 물길도 다를 터이고, 바람 맞는 방향도 다르겠고, 햇빛을 받는 양도 다를 테니, 그 세세함을 잘 다스려 옹골차게 자라게 하려면 얼마나 많은 시간과 공을 들이고 지혜롭게 살펴야할 것인가?

생각해보면 농사를 짓는 일처럼 과학적이어야 하고 보살피고 돌보는데 시간을 많이 할애해야 하는 일도 없는 것 같다. 그러니까 농사는 다른 어떤 일보다도 어려워 모두 기피하는 것이 아닌가 싶다.

아버지도 농군이셨다. 말씀이 거의 없는 분이라서 자식들에게 잔정을 표현하는 적이 거의 없으셨다. 지나치게 엄하거나 정에 인색한 분이 아니셨는데도 사랑을 표현하는 것에 서툴렀는지, 아니면 그런 표현이 자식들을 올곧게 자라는데 해가 된다고 여기셨는지, 내 기억 속 아버지께서는 우리 형제들에게 따뜻한 말씀을 하신 적이 거의 없었다. 아니 아버지 세대의 대부분 부모들이 그러했는지도 모른다. 하지만 그런 아버지의 손길을 받아 자란 농작물들은 참 실했었다.

자식을 키우면서 쏟은 애정을 어찌 농작물 돌보는 일에 비교할 수 있겠는가? 밖으로 내색하지 않은 아버지의 사랑이 얼마나 깊고 넓은 것이었는가를 깨닫고, 그 사랑을 조금이나마 되돌려 드리고 싶었을 땐 아버지는 이 세상에 계시지 않았다.

무엇이 그리 급하셨는지 어머니하고 나란히 영원히 내 곁을 떠나시고 말았다. 철이 늦게 든 나는 아버지와 어머니의 가슴에 무거운 쇳덩이였을 것이다. 그 무거움이 행여 두 분이 가시고 계신 길에 또 다른 고통이 되고 있는 것은 아닌지 모르겠다.

효도를 하고 싶었던 것이 아니라 아주 조금 그 사랑을 되돌려 드리고 싶을 뿐이었는데…….

삶에서 이처럼 후회되는 일이 없다.

해남 땅을 지나면서 마늘이 푸른 밭을 보게 되니 돌아가신 아버지 생각이 간절해진다.

아버지, 아아, 아버지. 그리운 내 아버지.

같은 남도땅이라고 해도 잘 자라는 식물이 조금씩 다른 것을 보면서 내가 잘살 수 있는 땅을 찾아가 뿌리를 내리고 싶다는 생각도 해 본다.

내가 잘살 수 있는 내게 맞는 땅은 어디일까? 나는 지금 내게 가장 적합한 땅에 자리 잡고 살고 있는 것일까? 만약 그렇지 않다면 나는 어느 곳으로 가야할까? 이제 반세기를 살았으면서도 나는 아직도 내가 사는 곳이 평안하지 않으니, 어느 땅을 찾아가야 편안해질까? 내 남은 삶에 그런 곳에서 살 수 있는 행복이 주어지기는 할까? 나는 지금 내 자신의 모습도 제대로 알지 못하고, 내게 남겨진 앞으로의 삶도 전혀 가늠할 수가 없다. 그래서 난 지금 많이 답답하다.

기온이 많이 내려갔다. 이런 기온에 자전거로 달리니 춥다. 그래서 등산복 내피를 꺼내 입었더니 몸이 점점 따스해졌다. 자전거 전용 옷들도

해남 서광자원

기능성 옷이지만, 아직까지 등산복만큼 다양하게 기능을 발휘하지 못하는 것 같다. 고어텍스 점퍼 안에 입는 이 내피는 땀을 완벽하게 배출해서 여간 좋은 게 아니다. 어제 이소희본부장이 내 짐을 살펴보면서 짐이 너무 많다고 했다. 그러면서 이 내피를 빼는 것이 어떠냐고 했을 때, 오랜 산행에서 얻은 경험으로 꼭 필요할 것이라며 빼지 않았는데 오늘 아주 유용하게 입는다. 내피를 입자 으슬으슬 떨리던 몸이 따뜻해지다가 후끈후끈해지니 오그라들면서 경직이 되고 자꾸만 웅크리던 몸이 편안해졌다.

11시 50분 남창을 5킬로미터 남겨 놓고 잠시 쉬었다. 어쩌면 내 몸은 지금 가장 휴식이 필요한 때일지 모른다. 그런데도 지금 나는 이렇게 무리수를 두고 있는지 모른다. 나는 참 미련한 사람이다. 잠시 쉬면서 이 힘든 여행을 시작했을 때의 내 마음을 찾아가본다.

'그래, 나는 떠나야했어.'

나로 인해 힘들어진 주변 사람들의 시선이 견디기 어려웠던 것은 아니었다. 내가 정말로 견디기 어려웠던 것은 내 무기력함이었다. 그래서 난 무엇이든지 해야만 했었다. 그러지 않고는 살아있다는 것을 실감할 수가 없었다. 그 고통은 오직 무기력함을 느껴본 사람만이 알 것이다.

12시 40분. 남창사거리 광장에 있는 서광자원이라는 고물상에 들어갔다. 나도 하는 일이라서 우선 반가웠고 이곳 사정은 어떤지도 알고 싶었다. 여기라고 별반 다르겠는가? 하늘 높은 줄 모르고 오르던 고철 가격이 하루아침에 곤두박질쳐버리면서 힘들어진 것을 이곳이라고 비켜갈 수 있겠는가? 전 세계가 모두 어려운 경제난을 겪고 있다지 않는가?

커피를 마시고 물을 얻어 담은 후 서광자원에서 나와 강진가는 입구 쪽에 있는 쉼터 기사식당에서 점심으로 백반을 시켰다. 남도의 식당답게 반찬이 정말 다양하고 맛깔스러워 입에 척척 붙었다.

배가 부른데도 오늘 갈 길을 생각해서 누룽지까지 다 먹었다. 땅 끝에서부터 도보여행을 하는 사람들이 많이 들른다는 이 식당 음식은 정말 맛있었다.

12시 40분. 남창을 출발하여 쇄노재고개까지 오르는 길 2킬로미터는 장난이 아니었다. 2km를 완만하게 줄곧 오르는데 짧고 된 비알길보다 오르기 더 힘들다.

연골이 없는 무릎에서 오는 고통은 견딜 수 없었다. 아픈 다리로 페달을 밟으며 오르는 것이 너무 힘이 드니까 자전거가 좀 더 나은 기종이면 덜 힘들지 않을까하는 별스런 생각이 다 들었다. 지금 내 친구 탱크는 이렇게 긴 여행을 하기에는 너무 무거운 기종이다. 탱크보다 더 비싼 기종이라면 분명 더 가볍고 힘도 덜 들게 분명했지만 나는 지금 내 친구가 탱크가 마음에 든다며 스스로에게 다짐을 했다.

"탱크, 너 알지?"

"내가 너를 얼마나 좋아하는지."

길 왼쪽으로는 바위산이 눈을 즐겁게 해주었지만 너무 힘든 코스다. 하지만 쇄노재고개(만수고개)에 오른 후 월성마을까지 가는 길은 정말 스릴이 있었다. 내리막길이라서 폼까지 재면서 신나게 길을 달렸다. 게다가 공룡 등뼈를 닮은 달마산을 보면서 달리니 어제 힘들었던 기억까지 말끔해지며 생각과 몸이 모두 날아갈 것만 같았다.

다산 초당이 있는 만덕리에 도착했다. 그런데 이때 또 잃어버린 기억이 나를 슬프게 했다. 다산초당이 이번 여행의 중요한 목적지 중의 하나인데 내가 도착했을 때 만덕리는 너무 낯설었다. 내 기억 속 만덕리는 아주 소박하고 다정스런 모습인데……. 작은 초가집과 조그만 연못, 숲, 나무…….

남도의 인심을 알아볼 수 있는 밥상 ➔

⊙다산유물관

현대식으로 지어진 유물관이 떡 하니 앞에 나타나니 내가 기억하는 다산초당에 대해 자신 할 수 없었다. 어떤 기억들이 또 뒤엉켜 새로운 잔상 하나를 만들어 냈는지 알 수 없으니 유물관 관리실에 근무하는 아가씨에게 물어볼 엄두도 나지 않았다.

기억 속 영상과 현실에서 만난 풍경이 달라지면 나는 급격하게 자신감을 잃고 두려워지며 고통을 느낀다. 그것은 기억을 잃어본 사람만이 알 수 있는 고통이자 두려움이다. 기억을 잃는다는 것은 정말 두려운 것이다.

이 세상과 단절된 느낌. 그 느낌에서 오는 공포가 어떤 것인지 경험하지 않고 어떻게 알겠는가? 나는 아직도 그 공포에서 완전히 자유롭지 못해 이렇게 기억과 다른 곳에 오면 다른 사람들에게 물어볼 엄두도 못 낸다.

나는 내가 바보 같다. 아니, 바보라고 생각한다. 그러나 이런 생각도 그 장소를 벗어나서야 할 수 있다. 관리사무소 앞에 자전거를 묶어두고 사무실에 배낭을 맡겨 놓았으면서도 왜 솔직하게 내 기억속의 다산초당이 이렇게 변했는지 묻지 못했을까? 그랬다면 친절한 아가씨가 다산초당으로 올라가는 길을 잘 알려주었을 텐데 말이다. 강진에 도착하여 친구와 전화를 하다가 내가 다산초당에는 아예 들르지도 않았다는 것을 알고 속이 많이 상했다. 물어보았으면 될 일이었다. 그랬다면 후회하지 않았을 것이다. 그런데 나는 그런 질문을 할 수가 없었다. 바보같이 말이다. 나는 내가 기억을 잃었다는 것을 다른 사람들이 아는 것이 정말 싫다. 그래서 바보처럼 묻지 못해 그렇게 들려보고 싶었던 다산초당을 그냥 지나쳐버린 것이다.

기억에 관한 것만 아니라면 나는 아주 잘 묻는 사람이다. 내가 모르는 것이 부끄러워 그 순간 알아보고 배울 수 있는 기회조차 잃어버리는 그런 어리석은 사람은 아닌데…….

잃는다는 것. 무엇을 잃었든간에 그것은 결코 좋은 것은 아니다.

기억 속의 다산초당은 혼란스러움 속에 두고 다시 자전거를 타고 백련사 입구에 도착했다. 이 절에서 바라보는 강진만 풍경이 정말 좋았다는 친구 말도 있었고, 나도 그렇게 기억하고 있지만 이미 잃어버린 다산초당으로 인해 많이 위축이 되기도 했고, 절로 오르는 오르막길을 가기 싫어 그대로 강진으로 달렸다.

강진만 구강포의 아름다운 풍경! 그 모습을 어찌 백련사에서 보는 것으로 으뜸을 대랴! 다산초당을 들른 후 천일각에서 바라보는 그 가슴 확 트이면서 아름다운 강진만 구강포를 오늘 백련사에서 보는 것으로 대신하고 싶진 않았다.

바람이 얼마나 세던지 눈을 뜰 수 없을 지경이었다. 그런 바람을 뚫고 달려서 시인 김영랑의 생가에 도착하니 오후 4시가 되었다. 모란꽃 시인의 생가에서는 모란이 피기까지 그가 기다렸던 찬란한 봄을 그려보며, 내게도 아직은 다가올 찬란한 봄이 남아있을 것이란 희망도 품어 봤다.

친구와 전화를 한 후 속상한 마음에 다시 자전거를 돌려 다산초당으로 가려고 했더니 빗방울이 떨어지기 시작한다. 이번 여행길에 다산초당은 나하고 인연이 없는 것 같아 그만두었다. 저녁 먹을 곳을 찾아다니는 것도 귀찮아 파리바게트에 들려 내일 아침에 먹을 빵까지 넉넉하게 샀다. 오늘 밤은 강진의 보검모텔에서 하룻밤을 묵어가게 됐다.

또 하루가 저물어간다. 내 찬란한 봄을 기대하며 시인의 시를 다시 읊어 보았다.

유물전시관에서 다산의 흔적만 보다

모란이 피기까지는

김영랑

모란이 피기까지는
나는 아직 나의 봄을 기다리고 있을 테요.
모란이 뚝뚝 떨어져 버린 날
나는 비로소 봄을 여읜 설움에 잠길 테요.
오월 어느 날 그 하루 무덥던 날
떨어져 누운 꽃잎마저 시들어 버리고는
천지에 모란은 자취도 없어지고
뻗쳐오르던 내 보람 서운하게 무너졌으니
모란이 지고 말면 그 뿐
내 한 해는 다 가고 말아
삼백 예순 날 하냥 섭섭해 우옵네다.
모란이 피기까지는
나는 아직 나의 봄을 기다리고 있을 테요.
찬란한 슬픔의 봄을

은행잎이 노랗게 물든 영랑 생가

● 2008년 11월 18일 (강진읍–낙안읍성: 87㎞)

처음 찾아 간 낙안읍성

낙안읍성

새벽 잠자리로 들려오는 바람소리가 심상치 않아 잠을 설쳤다. 그러나 자연을 어쩌랴! 갈 길이 걱정이 되었지만 만약의 경우 여기 머물면 되는 게 내 여정 아니던가? 핸드폰에 7시 30분으로 알람을 맞춰 놓고 느긋하게 잠을 잤다. 다시 깨어나 창문을 열어보니 날이 아주 화창해 새벽 걱정이 괜한 걱정이었다는 것을 알았다. 자연은 자연의 순리로 돌아갈 뿐이었다.

어제 사온 빵과 우유로 아침을 대신하고 출발하려는데, 오늘 아침은 이상하게 이번 여행에서 떨쳐버리고 싶은 많은 생각들이 한꺼번에 떠오르며 머릿속을 어지럽게 한다. 잠시 멈추어 서서 진정을 하고 잊으려고 했지만 벗어나지 못한 채 심란한 마음으로 자전거를 탔다.

2번 국도를 달리는데 갑자기 기온이 떨어진 날씨는 자전거를 타고 달리기에 너무 추웠다. 어제처럼 등산복 내피를 입었는데도 견디기 힘들었다. 특히 발이 너무 시렸다. 체면이고 뭐고 차릴 겨를도 없이 길옆에 주저앉아 겨울용 자전거 점퍼와 덤 스포츠 사장이 이번 여행길에 도움이 될 거라면서 준 발싸개, 무릎싸개, 안면마스크를 했더니 그나마 조금 나

너무 근사한 모습이 됐다

아졌다. 안면마스크는 군산으로 오던 길에 주운 것인데 어젯밤 생각이 나서 빨아 말렸더니 오늘 제대로 쓴다. 어떤 나쁜 사람이 누군가의 등산 채비를 훔쳐다가 버렸는지 오래전 길옆에 버려진 채 있었음직한 그 장비들이 너무 말짱한 새것들이라서 아까웠다. 잃어버린 사람은 얼마나 속상했을까?

배산터널을 만났다. 여행을 시작하면서 제일 걱정되는 길이 바로 이런 터널이었다. 그래서 처음 이 여행을 계획할 때는 터널을 통과하지 않는다는 생각이었는데 길을 가다보니 그게 마음대로 되지 않는다. 터널을 통과하지 않으려면 그 지역에 대해 소상히 알아야 가능하기 때문이다. 나는 지금 주로 국도를 달리는데 터널을 통과하지 않는다는 것은 어림도 없는 생각이다. 그리고 터널을 지나지 않으려면 돌아가야 하는데 하루의 목적지로 정하고 진행하는 길에서 너무 멀어져 무리할 수밖에 없으니 그냥 터널을 통과해 갈 수밖에 없다.

길이가 570m 정도 되는 배산터널 중간엔 불이 완전히 꺼져 아주 위험했다. 엉겁결에 터널로 들어서는 바람에 깜박이 등도, 후방등도, 그리고 자전거 라이트조차 못 켠 채 터널로 들어서 더욱 위험했다.

녹차밭과 보성읍으로 가는 삼거리에서 방향을 녹차밭으로 돌렸다. 이번 내 여행길엔 정해진 목적지가 없다. 다산초당처럼 꼭 들러보고 싶은 곳이 있기는 하지만, 길을 가다 만나는 이정표에 마음이 움직이면 그곳으로 간다는 생각으로 출발했기 때문이다. 그래서 오늘은 녹차밭을 보기로 했다. 이곳도 이미 여러 번 들러본 곳이라 새로운 것을 기대하는 것은 아니다. 다만 차로 여행을 할 때와 자전거로 찾아갈 때, 길에서 만나는 삶이 다를 것이기 때문에 그곳으로 가는 길에서 나와 다른 삶의 모습을 보고자 하는 것이다.

잘 다듬어진 차 밭

계절에 아랑곳없이 푸르기만한 녹차밭

친절한 옥수가든의 점심밥상

너무나 단정하게 손질된 차 밭은 자연스러움이 없어 자연으로 느껴지질 않지만, 그런 녹차밭들이 연이어져 또 다른 하나의 풍경이 되기도 한다는 것을 알게 됐다.

자연만 아름다운 것은 아니다. 자연이 자연스러울 때가 가장 좋겠지만 자연을 자연스럽지 않게 하는 인간의 부지런한 손길도 또 하나의 경이로운 아름다움이었다.

녹차밭에서 돌아 나오다가 길 옆 옥수가든에 들러 점심을 먹고 뜨거운 물과 녹차를 얻었다. 주인아주머니가 친절하였다. 워낙 유명한 보성 녹차밭으로 가는 길이라서 나처럼 여행하는 사람들이 자주 들른단다. 그제도 어떤 방송국의 프로듀서가 다녀갔단다. 여기서 보성으로 가는 길에는 기러기 고개라는 난코스가 있다면서 밥 한 공기를 더 주시는데 배가 불러 먹지 못했다. 가는 길에는 공사 중인 곳이 많고 보성은 지대가 높아서 바람이 세다며 걱정을 하시는 아주머니를 뒤로 하고 다시 길을 나섰다. 한참을 가니 길이 오르막으로 이어진다. 아주머니께서 고개에 오르면 귀가 멍멍해질 정도로 높다고 걱정을 해서, 내가 지금 오르는 고개가 그 고개일 것이라고 생각하지 못했는데 오르고 보니 바로 기러기 고개였다. 오르막은 짧고 경사가 급해 힘들었는데 내려오는 길은 2.5km 정도로 길었다.

겨울가뭄에 저수지가 바닥을 드러냈다

그런데 그 내리막 끝에서 또 다시 터널을 만났다. 터널 안에서 듣는 자동차의 경음기 소리는, 밖에서 듣는 것의 5배는 됨직했다. 어찌나 크게 들리는지 깜짝 깜짝 놀라 움찔거리게 되니 위험하기 짝이 없었다. 그 터널을 지나 완만한 길을 3km 정도 달렸다. 그런데 오르막에 이어 또 터널이 나타났다. 이번에는 후방등과 라이트를 켜고 들어섰는데도, 내 자전거 불빛으로는 어두컴컴한 터널을 제대로 비출 수가 없어 잘 보이지 않았다. 기름값이 많이 오른 탓인지 이곳 터널도 등이 꺼져 있어, 나 같은 자전거 여행자들에게는 정말 위험한 길이었다.

그리고 무엇보다 위험한 것은 터널을 달리는 자동차 운전사들의 운전 태도였다. 그들이 나를 대하는 태도는 크게 세 가지로 나타났다. 지금 내 배낭에는 '자전거 전국투어' 라는 작은 표찰이 붙어 있다. 이렇게 붙여 놓아야 여러 사람들의 질문도 피할 수 있고, 또 찻길을 갈 때 덜 위험할 수 있다면서 친구가 만들어 준 것이다. 그래서 다른 사람이 잘 볼 수 있도록 배낭에 붙이고 여행하는 중이다. 그런데 운전사들이 그 글을 읽었는지 어떤지는 모르지만, 심술이 난 사람처럼 내게 바짝 붙어오면서 속도를 더 내며 내 길을 훼방 놓을 듯 달리는 사람, 초보자라면 그 소리에 더 놀랄 정도의 크기로 경음기를 울리며 달려가는 사람, 행여 내게 방해가 될까 하여 마주 오는 차가 없을 땐 중앙선을 넘어가면서도 조심조심 내 옆을 가는 사람으로 나뉘어졌다. 이런 사람들 중 제일 고마운 것은 세 번째 운전자인 것이 당연하다. 그래서 모든 운전자들이 세 번째의 운전자 같으면 좋겠지만 그건 내 욕심이다. 사람들이 모두 똑 같을 수는 없다. 그래서 모든 운전자가 세 번째 같기를 바라지는 않는다. 내가 바라는 것은 최소한 나를 위협하듯 그렇게 달리지는 말았으면 하는 것이다. 하지만 그들이 내 작은 소망을 알 리 없으니 앞으로도 나는 여전히 위험하게 차

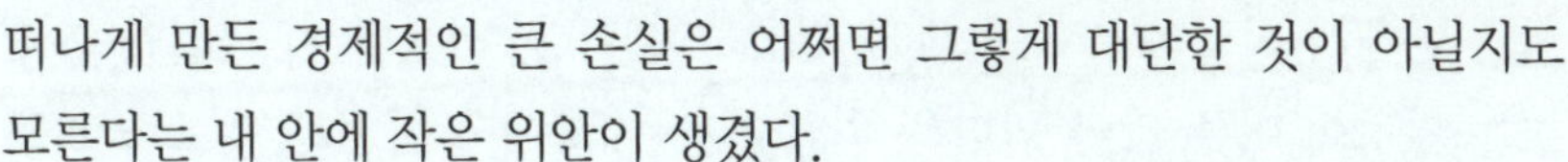

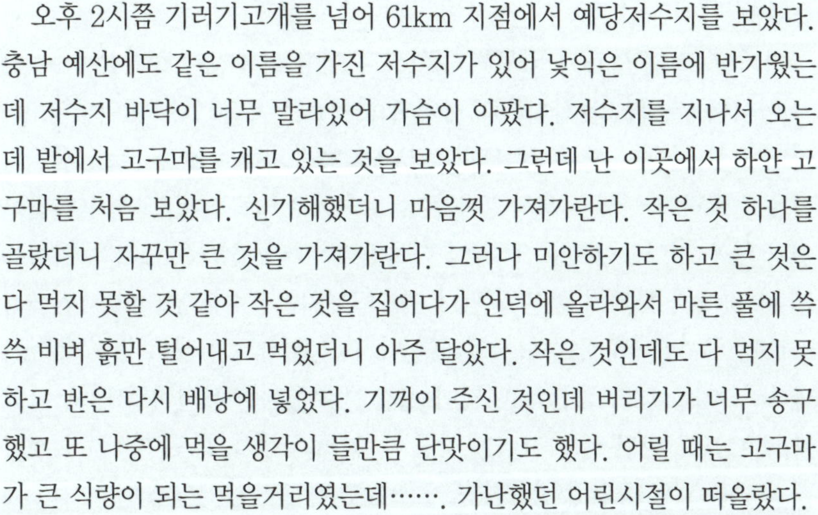

이곳에서 하얀고구마를 처음 보았다 ➡

를 몰아 내 옆을 달리는 운전사들을 만나게 될 것이다.

터널을 빠져 나오며 한숨을 쉬었다. 목숨을 잃는 것에 비하면, 이번 여행을 떠나게 만든 경제적인 큰 손실은 어쩌면 그렇게 대단한 것이 아닐지도 모른다는 내 안에 작은 위안이 생겼다.

오후 2시쯤 기러기고개를 넘어 61km 지점에서 예당저수지를 보았다. 충남 예산에도 같은 이름을 가진 저수지가 있어 낯익은 이름에 반가웠는데 저수지 바닥이 너무 말라있어 가슴이 아팠다. 저수지를 지나서 오는데 밭에서 고구마를 캐고 있는 것을 보았다. 그런데 난 이곳에서 하얀 고구마를 처음 보았다. 신기해했더니 마음껏 가져가란다. 작은 것 하나를 골랐더니 자꾸만 큰 것을 가져가란다. 그러나 미안하기도 하고 큰 것은 다 먹지 못할 것 같아 작은 것을 집어다가 언덕에 올라와서 마른 풀에 쓱쓱 비벼 흙만 털어내고 먹었더니 아주 달았다. 작은 것인데도 다 먹지 못하고 반은 다시 배낭에 넣었다. 기꺼이 주신 것인데 버리기가 너무 송구했고 또 나중에 먹을 생각이 들만큼 단맛이기도 했다. 어릴 때는 고구마가 큰 식량이 되는 먹을거리였는데……. 가난했던 어린시절이 떠올랐다.

다시 2번 국도를 달렸다. 한참을 달리다가 이정표에서 벌교가 10km 남았다고 알려 주는 곳에서 또 다시 오르막을 만났다. 상대적으로 거리가 짧고 경사가 급한 길보다 경사가 급하지 않고 은근히 오르는 길이라서 더 힘들다. 이번 여행을 하면서 경사가 완만하면서 긴 오르막이 자전거로 달리기에는 더 힘들다는 것을 알았다. 벌교 초입에 도착하니 낙안읍성으로 들어가는 이정표가 보였다. 지도에서 살펴보았을 때는 벌교로 들어간 후 낙안읍성으로 가는 것 같았는데 반가운 마음에 선뜻 우회전하여 그 길로 들어섰다.

낙안읍성의 오래된 은행나무

하지만 이 길은 잘못 선택한 것이라고 할 수 있었다. 조금 못 가서 길이가 730m나 되는 별교터널을 만날 줄 누가 알았겠는가? 오늘 지나온 터널이 워낙 위험해서 터널을 만나면 바짝 긴장하게 된다. 더욱이 이 터널은 통과하는 차량이 아주 많아 더더욱 위험했다. 지도에서 살펴본 대로 별교로 들어간 후 낙안읍성으로 가는 길을 택하는 편이 좋을 것이라는 생각이 들었다.

하지만 그 길도 내가 가보지 않았으니 어떤 상황인지 정확히 아는 것은 아니다. 터널을 무사히 통과하기 위하여 죽도록 페달을 밟아댔다. 터널 밖으로 나오니 오후 3시였다. 터널을 빠져나와서 달린 8km 정도의 길은 오르막이 아닌 오르막길이었다. 낙안읍성으로 들어가는 길이 결코 쉽지 않을 것이라던 친구의 말이 떠올랐다. 낙안 읍성 5km라는 이정표를 본 곳에서 아저씨 한분을 만나 마주 보이는 고개를 넘어야 낙안읍성으로 갈 수 있는지 물었더니 고개를 넘지 않고 바로 아래로 내려가면 된단다. 고개를 넘지 않는다는 것이 정말 반가웠다. 저 멀리 모텔도 보였다. 해남으로 가던 날 잠자리를 찾을 수 없어 고생을 한 뒤여서인지 저녁때 모텔을 보니 공연히 반갑다.

우선 낙안 농협에 가서 급한 볼일을 보았다. 농협 직원아가씨가 참 친절했다. 낯선 사람을 대하는 그 아가씨의 친절한 태도가 나를 정말 편하게 했다. 누군가의 친절은 사람을 참 편하게 한다. 더구나 처음 찾아온 낯선 고장일 때는 더 그러하리라.

잠자리를 농협 뒤에 있는 궁전모텔에 정하였다. 빨래 걱정을 했더니 주인아주머니께서 해주신단다. 이렇게 고마운 일이!

이곳엔 오늘 눈이 내린다. 날씨가 걱정이 된다.

낮은 담장 - 그래서 더 정답긴 했다

성으로 들어가는 입구

읍성에 들어가 보니 지난번 찾아갔던 아산의 외암리 민속마을보다 훨씬 인위적인 느낌이 들었다. 성안은 다른 고장의 성에 비해 넓었는데 관광객을 상대로 하는 먹을거리 가게가 너무 많아서 소중한 문화유산의 한 곳에 왔다는 느낌보다는 그냥 우리네 이웃에서 늘 만날 수 있는 어느 시장에 온 것 같았다.

외암리는 '아, 우리의 옛 마을이 바로 이런 모습이었겠구나!' 하는 느낌이 들어 좋았는데 여긴 성곽도 낮아 진도의 남도석성에서 느낀 오붓함도 없어 아쉽다. 성 안의 여러 것들은 왠지 보여주기 위해 만들어진 것 같은 느낌만 받았다고 하면 너무 심한 표현일까? 어쩌면 내가 이 낙안읍성에 너무 큰 기대를 하고 왔기 때문인지도 모른다. 이 낙안읍성도 이번 여행에서 정한 몇 안 되는 목적지였으니 말이다.

낙안읍성 낙민루

성 안에 있는 임경업 장군 비각에 들러보니 이 비각은 장군이 낙안군수로 봉직하면서 선정을 베풀었을 뿐만 아니라, 정묘호란 때 세운 큰 공훈을 기리기 위해 세운 것이라고 한다. 아직도 그를 기리기 위해 매년 음력 정월보름에 제사를 지낸단다.

성에 다녀왔더니 모텔 주인아주머니께서 빨래 해 방안에 가져다 놓으셨다. 정말 고마웠다.

오늘 저녁은 오랜만에 삼겹살이 먹고 싶어 주인아주머니가 소개하는 식당으로 저녁을 먹으러 갔더니 숙성된 돼지고기가 없단다. 여러 식당을 돌아다니다 들어간 간 쌍암식당은 이번 여행 중에서 최악의 식당이었다. 냉동된 삼겹살을 주는데 먹고 싶은 생각이 싹 사라졌다. 어쩐지 식당 안에 손님이 없더라니……. 식당도 크고 주인할머니와 일하는 분이 세 사람이나 되어 손님이 잠깐 끊어졌는가 보다 하고 들어갔더니 완전히 잘못 들어간 것이었다. 삼겹살을 먹겠다는데 상추도 안주고 배추쌈만 조금 준다. 그동안 남도 음식인심이 정말 좋았는데 이곳 때문에 남도인심을 다 잊고 싶게 만든다. 도저히 못 먹을 것 같아 공기밥 하나 와 소주 한 병을 시켰더니 계산하는데 이만 원을 내란다. 그 비싼 고기를 반이나 남겼으니 더욱 아깝다. 기분이 씁쓸했다.

하루가 또 끝났다. 저녁 식당일만 빼면 오늘 하루도 성공한 날이다. 이렇게 좋은 날이 하루하루 쌓여 그 끝에서는 변한 내가 서 있기를 기대한다.

낙안읍성안 마을 모습

● 2008년 11월 19일 (낙안읍성-남해읍: 103.2km)

막내가 보고 싶었던 순천

국밥집에서 뜨끈한 국밥으로 아침을 먹고 숙소에 돌아와 짐을 챙기는데, 기온이 너무 떨어져 추운 탓인지 움직이기도 싫고 밖으로 나가기도 싫어졌다. 그냥 하루 쯤 이곳에 주저앉고 싶었다. 그러나 이렇게 주저앉아 머물기 시작하면 여행이 더 힘들어질 것 같아 나 스스로를 질책하며 일어섰다.

아침부터 아내의 전화를 받아서 마음이 더 무겁다. 그녀의 심정을 이해하지 못하는 것도 아니면서, 공연히 짜증을 부리다가 먼저 전화를 끊어버렸다. 길게 통화를 하더라도 그녀가 내게 하고 싶은 말을 다하지 못할 텐데 그나마 일방적으로 끊어버렸으니 얼마나 황당하고 화가 났을까? 얼마나 마음이 복잡하고, 갈피를 못 잡겠으면 이른 아침부터 전화를 했을까 이해를 하면서도, 그녀의 목소리에서 짜증스런 느낌을 느끼자 냉큼 끊어버린 것이다. 하고 싶은 말도 많을 터이고 원망도 많을 터인데, 조금 신경질을 낸다고 그것조차 다 들어주지 못하고 먼저 끊어버린 옹졸함을 보인 자신에게 화가 났다.

그래서 길을 나서는데 마음이 가볍지 못했다.

짐을 챙기고 아주머니께 길을 물었더니 순천으로 가는 고갯길을 넘으

◐순천만 갈대밭

려면 힘이 많이 들 거란다. 요 며칠 오르고 내리달리는 길을 자주 만나다보니, 아주머니가 걱정하는 말을 대수롭지 않게 생각하고 기온이 떨어져 몸이 많이 굳어있는데 준비운동도 안하고 자전거를 탔다.

낙안에서 순천으로 가는 길에 만나는 금전산 고개 3.2km가 줄곧 오르막길이었다. 이렇게 오르기 힘든 고개인 줄 알았더라면, 낙안읍성을 서너 바퀴 돌면서 몸을 푼 다음 오르는 것인데, 추위와 긴 밤 휴식으로 굳어진 몸으로 오르자니 몇 배는 더 버거웠다. 금전산 고개에서 내려오는 길도 만만찮아서 2.2km를 내리 달리는데 여간 위험한 게 아니었다. 길은 좀 평평하다 싶으면 다시 오르막과 내리막으로 자주 이어져 사람을 지치게 했다.

특히 더 위험했던 것은 어제 내린 눈과 낮아진 기온으로 응달 쪽 길이 얼어있는 것이었다. 이런 길은 네 바퀴로 달리는 자동차도 빙그르 돌기 쉬운데 두 바퀴로 달리는 자전거는 더 자주 내팽개쳐질 것 같아 바짝 긴장을 했다. 오르막은 힘이 들지만 위험은 조금 적은데 비해 내리막길은 순간순간 아찔한 곳이 한두 군데가 아니었다. 차가 다닌 길은 얼음이 녹아 있어 좋지만 그 곳을 달릴 수 없는 나는 계속 응달을 달려야 했다.

아무리 급한 상황이 닥쳐도 다급하게 브레이크를 잡아야 하는 상황까지는 만들지 않으려고, 자주 브레이크를 잡았다 놓았다 하면서 빙판길을 달리자니 손에 자가품이 다 날 것 같았다. 내 몸을 온전하게 보호한다는 것이 참 힘들다. 스스로 나선 길이지만 목에서 단내가 날 정도로 힘들고 긴장을 하면서 달리다보니, 이 길을 나선 내가 스스로도 어이없어진다. 안면마스크를 하고 신발과 무릎을 싸고 달렸으니망정이지, 그나마도 없었다면 추위에 벌써 나가떨어졌을 것이다. 이 여행을 떠날 때 덤 스포츠

후배가 도움이 될 거라면서 몇몇 가지를 챙겨주었는데 그 때는 이렇게 요긴하게 쓰일 줄 몰라 제대로 인사도 못했었는데 돌아가면 정말 잘 썼다고 마음을 담아 인사를 해야겠다.

힘들게 순천에 도착했다. 힘이 드니까 순천만이라는 이정표를 보면서도 선뜻 길을 가지 못한다. 거리가 7km라니까 구경하고 돌아오려면 15~6km는 될 텐데 그 거리가 부담이 됐다. 순천에 가면 다대포에 들러 갈대와 철새를 보라던 친구 말도 생각나고, 여기까지 와서 순천만에 들리지 못하면 두고두고 후회가 될 것 같아 가보기로 결정을 했다. 길은 평지여서 어렵지 않았다. 철새가 많다고 했는데 바다에 배들이 많은 탓인지 새들은 별로 보이지 않았다. 만을 따라 들어가니 강물을 사이에 두고 양쪽으로 길고 무성하게 자란 갈대가 맞아주었다.

이곳의 갈대를 보니 올 가을 네덜란드에서 본 갈대가 떠올랐다. 그곳은 끝이 보이지 않을 정도로 뻗어있는 넓은 지역에 갈대가 자라고 있어서 꼭 평야를 보는 것 같았었다. 그런데 여기는 강물을 사이에 두고 있어 훨씬 정감어린 풍경으로 다가왔다. 갈대의 무성함이 풍성함으로 여겨지기도 하고 넉넉함으로 느껴져 마음을 편안하게 했다.

늦은 가을날 오후, 갈대밭으로 배를 타고 들어가 만추의 햇살을 즐겨본다면 그 또한 신선에 버금갈 것이라는 생각이 들었다. 내년에 다시 찾아와 배를 타고 저 갈대숲을 마음껏 헤집으면서 신선 흉내를 내어 보리라 우스운 다짐도 해봤다.

젊은 아가씨들이 내게로 다가와 이것저것을 묻는다. 특히 이곳까지 오면서 가장 힘든 것이 무엇이었냐는 질문에는 생각할 틈도 없이 추위라고 대답했다. 그만큼

갈대밭

오늘은 추위로 고생을 하기 때문이었다.

현장학습을 온 교사와 아이들도 많이 보였다. 종종거리며 선생님을 쫓아다니는 아이들을 보자 막내 연호가 보고 싶었다.

'우리 막내, 보고 싶구나. 지금은 그냥 네가 보고 싶구나.'

막내는 나의 큰 희망이기도 하다. 다른 아이들도 내 꿈이자 미래지만, 특히 늦은 나이에 본 막내는 어린아이답지 않게 행동이 믿음직하고 똘똘해서, 부모가 뒷받침을 잘 해주면 제가 꿈꾸는 미래로 나갈 역량이 보이는 아이이다. 어찌 내게 그 아이가 제대로 꿈을 펼칠 수 있도록 부모 역할을 다 하고 싶은 욕심이 없으랴! 그러나 난 지금 멀리 떠나와 그 아이가 당장 필요로 하는 것조차 해 줄 수 없는 무기력한 아버지일 뿐이다. 정을 나누고 표현하는 것에 서투르셨던 아버지에 대한 회한으로, 난 우리 아이들과 자잘한 정을 주고받으려고 노력하는데, 막내와는 그런 시간을 더 많이 가져도 모자랄 이때 그 아이와 함께 있을 수 없어 정말 미안하다.

아이들과 함께 타고 싶은 배

풍성한 순천만 갈대밭

순천만 자연생태관

'연호야, 아빠 마음 알고 있지?'

아이들이 정말 보고 싶었다.

순천만에서 되돌아 나와 다시 2번 국도를 달리는데 내가 가지고 있는 지도와 길이 너무 다르게 느껴졌다. 어디서 또 길을 잘못 들었나 싶었다. 그래서 광양에 도착하여 길옆에 있는 슈퍼에 들어가 빵과 따뜻한 베지밀을 사고 길을 물었더니 안에 있던 세 사람이 서로 잘 가르쳐 준다고 나섰다. 아저씨들의 말에 따르면 광양제철소까지 가서 남해로 가는 길이 제일 빠르단다.

제철소 정문 앞 사거리에 도착하여 좌회전을 하고 3km 정도를 가다가 만나는 작은 다리를 건너 바로 우회전하란다. 그런데 길을 잘 알 수가 없어 다시 돌아오는데 중국집이 보였다. 날씨가 추우니까 매콤하고 뜨거운 것이 먹고 싶어 짬뽕을 시켜 놓고 다시 길을 물었더니 주방이 바쁜지 제대로 알아듣지 못했다.

점심을 먹고 길을 나섰는데 중국집 식당청년을 길에서 만났다. 어찌나 친절하고 세세하게 길을 안내해주는지 이번 여행길에서 나는 참 고마운 사람들을 많이 만난다. 이곳에서는 하동IC에서 우회전하는 것이 남해로 들어가는 가장 빠른 길이란다. 그 길에서 금호대교를 건넜다. 어찌나 바람이 세던지 금방이라도 바람에 날려 바다로 떨어질 것 같았다. 갓길에 바짝 붙어 가는데도 사고가 날 것만 같은 위험한 다리였다. 게다가 다리 길이도 여간 길지 않아 더 긴장을 하게 했다. 그나마 겨울 초입에 이 다리를 건너 다행이지 한겨울에는 더 위험할 것 같았다. 다리를 건너자 이제는 연달아 오르막과 내리막이 이어져 더 많이 힘들고 추웠다. 오르막을 오르느라 땀이 난 몸은 내리막을 달리면서 땀이 식어버리니까 체온이 급격히 떨어지면서 몸은 오그라들고 위축이 되어 온 사지가 다 아픈 것 같았다.

경상남도를 알리는 이정표와 화개장터를 알리는 팻말이 연달아 나타났다. 화개장터를 들를 생각이었는데 잠깐 사이 들어가는 길을 놓치고 말았다. 이 길에는 광양제철소를 드나드는 트레일러, 대형트럭, 덤프트럭들이 너무 많았다. 화개장터는 다음 여행에나 들러야할 모양이다

남해가 20km로 남았다는 이정표를 보았을 때 또 다시 고개를 만났다. 고개만 만나면 오르기 전부터 한숨이 난다. 그런데 고개 위에 모텔이 보였다. 오늘은 그만 진행하고 거기서 잘까 생각하면서 언덕을 오르는데 저 멀리로 남해대교가 보였다. 언덕에서 보는 남해대교가 멋있었다. 너무 추워서 카메라 꺼내는 것도 귀찮았지만, 그 다리가 남해대교라는 것을 몰라서 시린 손으로 사진을 찍었다. 바람은 점점 더 세어지고 차가워졌다. 게다가 목이 마를 때마다 마시는 찬물이 더 춥게 만들었다. 다리를 보려고 고개에서 자려던 마음을 바꾸어 길을 내려왔다. 다리에 가까워지자 그제서 남해대교라는 것을 알았다. 그렇게 여러 차례 이 다리를 건너 다녔건만 자전거를 타고 달리면서 보는 다리의 모습은 또 내게 익숙하지 않은 모습이었다.

어디서, 어떻게, 어떤 마음으로 보느냐에 따라 같은 사물도 다르게 보인다는 것을 이번 여행을 통해 많이 느낀다. 그러나 난 어

옆에서 본 남해대교

디서, 어떻게, 어떤 마음으로 보는 것이 바르게 보는 것인지 알 수가 없다. 사물이야 본래의 제 모습이 정해져 있으니 내가 잘못 보아도 본래 제 모습을 잃을 리 없지만, 내가 보는 대상이 사람이라면 바르게 보는 것이 대단히 중요해진다. 제대로 보지 못하면 좋은 사람을 잃을 수도 있고, 나쁜 사람을 좋은 사람으로 알고 가까이 둘 수도 있기 때문이다.

지금 내가 경제적으로 어려워진 것도 결국 사람을 잘못 보았기 때문이다. 바른 시각을 가지려면 그만큼 현명해야 하는데, 그 때 난 여러 가지 면에서 부족한 사람이었다. 그 이후 제대로 사람을 보려고 많이 노력하는데도 지금도 여전히 부족할 뿐이다.

'현명해진다는 것.' 그것이 너무 필요한 때이다.

남해대교를 건너 약간 오르니까 왼쪽으로 모텔이 보였다. 해남으로 가던 날 잠자리로 고생을 한 다음부터는 저물녘이면 모텔로 자꾸 눈이 간다. 그러나 남해를 비교적 잘 알기 때문에 오늘은 그곳으로 가지 않고 왼쪽 급경사를 내려가니 관광차들이 많이 있었다. 남해는 여전히 많은 사람들이 찾아오고 싶어 하는 곳인 모양이다. 남해 다리 밑에 있는 건어물 가게에 들러 길을 물었더니 아주머니께서 지도까지 펴 보이면서 어찌나 친절하게 가르쳐주시는지, 이런 친절을 만나면 묻는다는 것이 송구해진다. 아주머니 말씀이 남해읍까지 차로 30분 정도 걸리니까 자전거는 그보다 더 오래 가야할 거라면서 따뜻한 차를 권하는데 갈 길이 급해 사양하고 길을 나섰다.

조금 가다가 낚시를 하는 사람을 만나 말을 주고받는 중에 해안도로를 타고 남해읍으로 가는 것이 더 빠르다는 것을 알았다. 해안도로를 따라 가는데 굴을 따는 아낙네들의 모습이 보기 아름다웠지만 추워서 사진도 찍지 못하였다. 해안도로는 다시 19번 국도로 이어졌다. 국도로 들어서자마자 오르막을 만나고 터널을 만나 남해읍에 도착하니 저녁 6시가 다

갈대밭을 찾은 사람들

되었다. 오늘은 길을 달리면서 배가 고픈데도 추워서 광양에서 산 빵을 먹지 못했는데 모텔에 들어오자마자 뜨거운 커피를 타서 허겁지겁 먹었다. 미련해서 고픈 배를 참아가며 길을 온 것이 아니라 날이 추워 함부로 무엇을 먹을 수가 없었다.

하필 이렇게 추위가 시작되는 때에 떠날 수밖에 없었던 내 속내가 자못 서글펐다. 빨래를 해야 했지만 귀찮아 그만두고 저녁을 먹었다. 이곳 갈치조림이 좋다는데 추운 몸을 빨리 푸는 것에는 뜨거운 국밥이 나을 것 같아 순대국밥을 시켰다. 무엇을 주문해도 한상 가득 푸짐하게 나오던 전라도 식당과는 너무 다르게 달랑 깍두기와 배추김치, 그리고 국밥에 넣을 부추가 전부인 저녁 차림을 보자 지금 내가 경상도에 들어왔다는 것을 실감했다.

저녁을 먹고 들어오는데 빵집 옆을 지나게 되자 그 구수한 냄새가 구미를 당긴다. 기다란 바게트를 하나 사가지고 와 조금씩 뜯어 먹다보니 반이나 먹었다. 식당에서 먹은 저녁이 적지 않았는데 왜 이렇게 먹히는지 모르겠다.

아침에 아내와 통화를 할 때 큰 개 울프가 작은 강아지 몽순이를 물어뜯어 상처를 입었다고 한 것이 생각나 친구에게 내 사무실에 좀 가보라고 전화를 했었다. 몽순이가 걱정이 되어 다시 전화를 했더니 어디로 갔는지 보이지 않는단다.

'이 추운 날에 상처 입은 몸으로 어디로 간 것일까?'

몽순이와 내 처지가 비슷한 것 같아 더 안타깝다.

아내에게도 전화를 했다. 아내는 아침에 많이 속상했었노라고 말했다. 아내의 말을 다 듣지도 않고 일방적으로 끊어버린 미안함에 한 전화이면서도 끝내 겉으로는 표현하지 못하고 말았다. 아내의 전화를 그리 끊어버린 난들 속이 편했겠는가! 그 전화 생각에 빠진 채 자전거를 달리다가 사고까지 당할 뻔 했었다. 내내 마음에 걸려 아내를 풀어주려고 전화를 한 것이었는데…….

자리에 누워 하루를 돌아보았다.

바람에 흔들리던 순천만의 갈대가 천장으로 스쳐갔다. 아무리 세찬 바람을 맞아도 갈대는 꺾이는 법이 없다. 나도 갈대처럼 지금 이 어려움을 잘 이겨내고 바로 서리라 다짐을 했다.

오늘은 너무 힘든 하루였다.

정면에서 본 남해대교

● 2008년 11월 20일 (남해읍-고성 회화면: 93km)

남해 강태공이 부러워라

⬆ 낚시에 줄줄이 잡힌 물고기들

8시 40분이 되어서야 아침을 먹으러 식당으로 갔다. 국물 있는 것이 먹고 싶었다. 식당을 찾아가다가 문방구에 들러서 태극기를 하나 사려고 했더니 태극기가 없었다. 운전사들이 나를 빨리 볼 수 있어야 보다 더 안전할 것 같은데, 다른 방법이 없어 궁여지책으로 태극기를 하나 사서 깃발처럼 꽂으면 어떨까 했더니 작은 시골 문방구에는 없었다. 아침 먹을 식당을 물었더니 문방구 뒤쪽으로 가보란다.

뒷골목은 먹자골목이었다. 해초식당이란 곳에서 보신탕을 먹었다. 식사가 나오는 동안 주인아주머니와 이런 저런 이야기를 주고받았다. 아주머니께서 내가 고생한다면서 맛있는 고기를 듬뿍 주셨다. 너무 고마워서 다음에 남해에 들르면 이 식당에 꼭 찾아와 오늘의 고마움을 전해야겠다. 많이 먹고 힘내라는 그 아주머니 말씀에 오늘은 기운이 날 것 같았다. 태극기는 사지도 못했으면서 문방구에서도 시간을 보내고 식당에서도 이야기를 나누다보니 오늘은 늦게 출발했다.

다시 77번 국도를 달리게 되었다. 한참을 달리다가 영지 삼거리 주유소에서 길을 물었더니 해안도로를 알려주었다. 정해진 지면에 그려지는

지도에는 나타낼 수 있는 내용에 한계가 있다. 지금 내가 가지고 있는 지도는 축척이 1:600,000인 전국행정관광도(2007년, 이정표출판사)로 이런 길은 나타나 있지 않다. 그래서 국도나 차가 많이 다니는 넓은 도로를 피하여 길을 달리게 될 때는 작은 마을 안까지 들어가거나 길에서 일하는 사람들을 찾아가 자주 길을 묻는다. 이정표에서도 알려주지 않는 이런 길을 달리는 것은 넓은 길을 신나게 달릴 때와는 또 다른 맛이 있기 때문이다.

남해읍에서 창선다리까지 17km 정도 되는 길에는 차도 거의 없고 분위기도 아주 좋았다. 나이가 지긋하신 노부부가 농사지은 것을 리어카에 한 가득 싣고 길을 가고 계셨다. 앞에서 끌고 뒤에서 밀며 서로 힘을 보태면서 천천히 가시는 그 모습이 노구에 힘들어 보이기도 하지만 어찌나 다정해보이는지 한참을 서서 물끄러미 보았다.

모르는 누군가가 어쩌다 스치듯 보아도 저렇게 다정한 느낌으로 보여지는 것은 짧은 세월에 이루어진 것이 아니다. 오랜 세월 희노애락을 함께 나누며, 서로 의지하고 사랑하면서 살았기 때문에 자연스럽게 비춰지는 것이리라.

부부로 만나서 누군들 그렇게 살고 싶지 않으랴! 그러나 그건 원한다고 해서 다 이뤄지는 것도 아니고, 노력한다고 해서 되는 것도 아니었다. 사람 마음이 참으로 불가사의한 것이어서 내 마음속의 나를 제대로 본다는 것이 정말 어렵고 다스리기도 힘들었다.

나이 드신 어른들이 다정한 모습을 보니 또 부모님 생각이 났다. 우리 부모님도 살아계셨으면 저런 모습일 텐데…….

경제적으로 힘들어지면서 부모님이 더 자주 그립다. 철부지처럼 그 품에 안겨 한번쯤 어리광을 피우며 넋두리처럼 삶을 푸념하고 싶은가 보다.

창선다리 강태공

그 도로 끝에서 창선다리를 만났다. 다리 위에서 낚시하는 아저씨가 있어 잠시 자전거를 쉬고 구경을 했다. 그런데 미끼도 없는 낚시에 고기가 여간 잘 물리는 것이 아니었다. 작은 민어들이었는데 한번에 4마리가 동시에 올라오기도 했다. 이미 잡은 민어가 바구니에 한 가득이었다. 자잘하게 다져 세꼬시를 해 먹던지, 매운탕 끓여 먹으면 좋겠다는 생각을 하고 있는데, 맘 좋은 강태공은 일면식도 없는 내게 가져가란다. 고맙다면서 사양했더니 그러면 매운탕을 끓일 터이니 잠시 기다렸다가 먹고 가란다. 입에 침이 고이는 것을 참아가면서 고마운 인사를 하고 다시 길을 나섰다.

강태공이 부럽다. 그 사람이 낚는 물고기가 아니라 유유자적하게 세월을 낚을 수 있는 삶의 여유가 부럽다. 길고 고달픈 인생길에 어쩌다 하루씩 저런 여유로운 시간을 만들어 즐길 수 있다면 분명 행복한 삶이라고 할 수 있을 것이다. 아무런 생각도 하지 않고 빈 낚시를 바닷물에 던져놓고 깊은 사색에 빠져도 좋으리라. 그러한 때 내가 깊이 빠져들 수 있는 한 때의 아름다운 추억을 갖고 살아왔다면 더 없이 좋으리라.

다시 자전거를 달리자 아련하면서도 따뜻하게 감싸주는 추억의 포근함에 빠져보고 싶은 것은 꼭 얼굴에 부딪치는 찬바람 때문만은 아닐 것이다.

천천히 사는 것이 저리도 좋은 것을…….

느긋하게 세월을 즐기는 것이 진짜 행복인 것을…….

내 삶은 어쩌자고 그렇게 격정적이어야만 했고, 늘 다급했으며 쫓기듯 바쁘고 불안하기만 했던가? 그리고 왜 그렇게 철저히 고독하고 외로운 삶이어야 했던가?

내 삶의 모습에 만족하지 못했지만 그런 삶을 시작할 수밖에 없었던 내 조건을 원망해 본 적이 없었다. 그저 주어진 상황에 내 나름으로 최선을 다해 오늘에 이르렀을 뿐이다. 좀 더 많은 것을 가지고 시작하지 못해 부모님을 원망해 본 적도 없고, 불운이 닥쳤을 때 가까운 내 주변사람 중에는 그 일을 해결해 줄 능력이 있는 사람이 없다는 것도 푸념해 본 적이 없다. 다만 내 스스로 배울 기회가 주어졌을 때 좀 더 배우는 것에 열과 성을 다하지 못한 것에 한스러움이 있지만 그건 나 자신에 대한 원망일 뿐이었다. 열심히 살려고 최선을 다했고 몸을 아끼지 않고 노력했다. 그런데 삶은 항상 나를 시험하고 또 시험한다. 나는 지금 또 풀기 어려운 시험지를 앞에 두고 있는 학생 같다. 지금 내게 닥친 이 상황은 다른 누군가가 대신 풀어줄 수 있는 상황이 아니다. 오직 나 혼자만 풀 수 있을 뿐이다. 반갑고 좋은 소식이 들려오길 기다리며 핸드폰에 매달려 있기는 하지만, 지금도 나는 내가 할 수 있는 상황에서 최선을 다한다고 믿고 있다. 그저 도망치듯 떠나온 것만은 아니었다. 모든 상황이 나를 너무 무기력하게 만드니까 그곳에 있다가는 오히려 일을 더 크게 만들 것 같아 잠시 떠나온 것이다. 그런데 물고기를 낚으며 삶의 여유를 즐기는 강태공을 보니 고단한 내 삶이 딱하고, 그런 운명을 헤쳐 나가려고 몸부림치는 나 자신이 한없이 서글퍼진다.

다시 해안도로를 따라 달려 창선-삼천포대교를 만났다. 분명 이 다리도 두어 번 건넌 적이 있는데 낯설었다. 기억이 없다. 두어해 전 사천을

녹도, 초양도, 모개도를 디딤돌 삼아 사천시와 남해군을 잇는 3.4km의 창선-삼천포 대교

지나 남해를 여행했을 때도 이 다리를 건넜으련만…….

마음이 울적해지는데 하필 이때 걸려온 아내의 전화는 나를 더 우울하게 했다. 그녀가 부동산에 들려 쓸데없는 말을 했다는 것을 알았기 때문이었다. 하루라도 빨리 정리를 해야 하는데, 아내가 했다는 말은 오히려 역효과만 생기게 되었기 때문이다. 이러다가는 경제적인 파탄을 피할 수 없을 것만 같아 하루하루 피를 말리면서 사는데, 도움이 되지는 못할망정 쓸데없는 말을 했다는 것을 알자 와락 화가 났다. 그녀인들 나쁜 상황으로 가기 위해 그런 말을 했을까? 걱정이 되어서 부동산을 찾아갔을 테고, 이런저런 말을 주고 받다보니 그런 말까지 나왔을 것이다. 나도 아내를 이해하고 아내도 나를 돕기 위해 그랬을 것이다. 그런데 아내와 나는 늘 이렇다. 최선을 다하는 방법이 서로에게 도움이 되기보다는 걸림돌이 될 때가 더 많다.

문득문득 무겁게 짓누르는 삶의 무게에 버둥거리다 지쳐가는 내 환상이 보일 때면, 온 몸에 소름이 돋고 식은땀이 흐르기까지 하는데 어쩌자고 그녀는 좀더 깊이 생각하지 않았는지 원망이 생겼다. 이 모든 일이 내 모자람에서 빚어진 일인데 다른 사람을 원망할 작은 핑계거리를 찾자마자 그녀를 향해 비난을 퍼붓는 내가 한심하기도 했다.

자전거를 타고 여행하면서 내가 견디기 힘든 것은 혼자라는 데서 오는 외로움이 아니라 마음이 편안하지 못한데서 오는 심적 부담이었다. 어쩌면 그녀의 말대로 서울에 올라가는 것이 옳을지도 모른다. 부산에 도착하면 잠시 여행을 중단하고 서울에 한번 올라가 살펴보고 오는 것이 낫지 않을까 생각도 해보았지만, 상황이 변하지 않는 한 서울에 가도 내가 할 수 있는 것은 아무것도 없을 것이다. 결국 무기력함만 느끼는데서 오는 괴로움에 술을 마시고 헝클어진 나를 보게 될 것이다. 그런 나를 보는 것보다는 도망치듯 떠나왔지만 그래도 이렇게 여행을 하는 것이 나을 것 아니냐며 아내에게 따지기도 했으니 참 염치가 없다.

난 지금 도망 나와 있는 것이 진실이었다. 그러면서도 아내에게 미안하다고 말을 못한다. 아내에게 전화를 못하고 장모님께 전화를 해서 안부를 묻는 것으로 미안함을 대신했다.

울적한 마음으로 다리 사진을 찍고 원두커피를 마시려고 가게에 들어갔더니 밀크커피만 팔았다. 커피조차 맘에 맞는 것을 먹을 수가 없다. 입 안이라도 개운하면 좀 나아질 것 같았는데…….

단항 사거리에서 1,016번 지방도로를 선택했다. 고성군 하이면과 하일면 지역을 연달아 지나치나 마음이 무거워 주변을 제대로 보고 느낄 수 없었다. 길옆의 봉현저수지를 지나는데 남도의 저수지는 그 어느 곳을 막론하고 다 말라서 부끄러운 줄도 모르고 바닥을 다 드러내고 있어 그 속내가 훤히 보인다. 뉴스에서 가을 가뭄이 심하다고 여러 차례 듣고 보았는데도 이렇게 심각한지 전혀 몰랐다.

도시에 살면 뉴스에서 아무리 요란하게 떠들어도 내가 직접 겪는 고통이 아니어서, 기상 현상이 주는 피해에 둔감할 수밖에 없다. 이런 속절없는 가을 가뭄에 농사를 짓는 사람들이 얼마나 애를 태웠을까? 한동안 뉴스에서 보고 들은 가을 가뭄에 내가 너무 무심했다는 것이 이 길을 지나면서 미안해졌다.

저수지를 지난 후 지도에 나타나 있지 않은 작은 길로 들어섰더니 오르막으로 이어졌다. 탱크를 부르며 힘겹게 달렸다. 한참을 달렸더니 33번 국도를 알려주는 이정표가 사천 · 진주라는 지명과 함께 나타났다.

아까 사천에서는 못 느꼈던 통증이 머리에서부터 시작하더니 가슴을 훑어 내린 후 다리로 가서 힘을 빼 한순간 후들거렸다.

33번 도로는 사천과 진주를 지나 내 고향 합천으로 가는 국도다. 고향에 가고 싶었다. 부모님 산소가 어떤지 살펴보고도 싶었고 고향집에 들러 보고도 싶었다.

그러나 갈 수가 없었다. 패잔병 같은 지금 이 모습으로 부모님 산소에

당항포해전 전시관에서

갈 수는 없었다. 고모부께서 돌보고 계시기는 하지만 지난 추석 명절에도 찾아가지 못했으니, 산소의 잔디는 잘 자라고 있는지도 걱정이 되고 주변 흙이 패여 들어와 있지는 않은지 걱정이 되었다. 그 걱정에 오르고 내리달리는 길의 힘겨움도 미처 느끼지 못했다. 33번 도로에 들어서자마자 이어지는 내리막은 정말 길었다.

점심을 먹은 곳은 고성읍을 10여km 정도 남겨 둔 어느 휴게소였다. 김치찌개를 시켜 먹고 있는데 옆자리 손님이 술이 거나하게 오를 만큼 취한 것 같은데 내 차림이 영 마음에 안 드는 모양이었다. 이것저것 묻고 주고받다가 가족을 내팽개치고 혼자 돌아다니면 되느냐고 일장 훈계를 했다. 힘이 들수록 사업에 매달려 가족 부양할 생각을 해야지, 쫄딱 망해다 들어먹고 혼자만 돌아다니면 어떻게 하느냐고 호통을 쳤다.

'쫄딱 망해 다 들어먹었다.'는 원색적인 표현에 반감이 들었으나 나이 든 취객을 상대로 화를 낼 수도 없어 혼자 웃었다. 또한 사실이 그러하거늘 무어라고 반박할 것인가? 진실은 아픈 것이다. 진실을 상대로 싸우는 것보다 더 어리석은 것은 없다. 얼마나 심하게 곪았는지도 모르면서 꽁꽁 숨기기에만 급급해 제대로 돌보지도 못하는 내 아픈 상처를 누군가 열어 헤집어 보면서 '네가 지금 이렇게 곪아있구나.' 하고 알려주는 것처럼 진실을 대하자 고통스러움 속에도 가슴이 시원해졌다.

자꾸만 시비를 붙여오는 아저씨께 길을 물을 수가 없어 난감해 하고 있는데 마침 감자를 배달하는 아저씨가 들어오셨다. 여기서 직진을 하면 터널을 두 개 만나게 되고 아래로 가면 한 개를 만난다고 했다. 그러면서 동해면 방향으로 길을 가는 것이 마산으로 가는 제일 빠른 길이라고 했다.

아저씨의 말대로 길을 가다가 당항포자연사전시관 이정표가 있어 14번 도로로 방향을 틀었다. 남해안에는 확실히 충무공 이순신 장군과 관련된 유적지가 많다.

이곳도 장군께서 두 차례에 걸쳐 일본수군을 크게 무찌른 해전을 치른 곳이라 전승기념탑이 있었다. 잠시 들러 돌아보며 그 때 그 해전의 함성을 상상해 보았다. 그러나 이미 아산 현충사에 들러 장군의 여러 행적을 자세히 알아보았고, 남해의 해안을 달리면서 중간 중간 장군의 흔적을 살펴본 터라 이곳에서만 느낄 수 있는 장군의 특별함은 없었다. 오히려 현충사에서 장군의 위엄이 서린 영정을 돌아보고 온 후라, 이곳에 있는 장군의 작은 영정을 보면서는 그런 위엄이 느껴지지 않았다. 그것보다는 월이라는 기생이 왜적이 쳐들어왔을 때 보여준 용기가, 긴 글로 사람들의 가슴을 뭉클하게 해주었다. 이어서 고성자연사박물관을 들렀다. 해안 생물들의 복제품과 수석이 나름대로 잘 전시되어 있었다.

그러나 당항포 국민관광단지는 그냥 유원지일 뿐 특별한 감흥을 주지는 못하였다. 지방자치제가 되면서 각 지자체에서 지방 세수를 높이기 위하여 특색이 없는 이런 유원지를 만들어 놓은 것을 종종 보게 되는데, 이곳도 그런 곳과 별다른 차이점을 찾아볼 수가 없었다. 다만 이 당항포

고성자연사박물관 전시물

고성자연사박물관과 당항포해전 전시관

관광단지에서 일하는 사람들이 어찌나 열심히 일을 하던지, 그들을 보면서 열심히 일을 해서 가족을 부양하는 사람들이 부러웠다. 그렇게 사는 것이 보기 좋았다. 현실을 제대로 인식하지 못하고 헛된 꿈에 젖어 보이지 않는 허상을 쫓아다니는 삶의 자세는 분명 자제해야할 태도라는 것을 알게 해주었다.

다시 돌아나와 다시 14번 도로를 달렸다. 마산을 28km 정도 남겨놓았는데 배도 고파서 찐빵을 사서 배고픔을 잊었다. 길쭉한 찐빵인데 한 봉지에 3천원이었다. 빵을 먹고 조금 더 달리니 휴게소와 모텔이 보였다. 날이 저물어 오늘은 이곳에서 머물기로 정했다. 방을 정하자마자 저녁을 먹으려고 식당부터 찾아갔다. 조금 전 빵을 먹었지만 여전히 배가 고파 휴게소 식당에서 묵은지로 저녁을 먹었다. 음식 맛이 깔끔해서 좋았다.

하루를 마치고 자리에 누워 생각해보니 그래도 오늘은 어제에 비하면 훨씬 좋은 하루였다. 아침에는 추웠지만 하루 종일 햇볕이 나서 기온이 올라 자전거로 달리기에 그리 불편할 정도는 아니었다. 하지만 다리는 여전히 많이 아팠다.

●2008년 11월 21일 (고성 회화면-부산: 80km)

부산에 도착하다

⬆부산역

8시 20분에 헤라모텔 바로 옆에 있는 옥수휴게소 식당에서 우동과 계란 3개로 아침을 먹었다. 다른 식당으로 가면 든든하게 아침을 먹을 수 있는데 자전거를 잠그려면 잠금장치를 몽땅 꺼내야 하는데 그게 귀찮아져 그냥 휴게소 식당에서 우동으로 아침을 때웠다.

모텔 주인아저씨께 길을 물었더니 여기서 부산 시내까지 90km 정도 밖에 안 된단다. 길도 괜찮은 편이라 오늘 부산에 들어갈 수 있겠다는 생각이 들었다. 숙소가 부산 진행 반대방향에 있어서 횡단보도를 건넌 후 조금 달리니 1.5km정도 되는 오르막을 만나게 됐다. 그리고 그 오르막 끝에서 보성터널을 만났다. 길이가 4~500여 미터 정도인데 옛날에 만들어진 터널이라 갓길도 없고 터널 안이 내리막이라서 여간 위험하지 않았다. 터널을 빠져 나온 후는 더 위험했다. 터널 입구 주변에 소주병 깨진 것이 너무 많았다. 자칫 방심하다가는 자전거 타이어가 펑크날 위험이 많아 여간 조심스럽지 않았다. 부산에 도착하면 사람을 찾아야 해서 갈 길이 급한데 차들이 내리달리는 터널 입구에서 멈칫멈칫 자전거를 달리자니 위험하기도 하고 짜증이 났다. 누군지 모르지만 저렇게 유리병을 많이 깨뜨리고 그냥 둔 것이 원망스러웠다. 뒷처리를 제대로 했다면 위험하지도 않고 보기에도 좋지 않은 저런 모습은 아닐 텐데 말이다. 보성터널을 지나 20여 km 정도를 달렸더니 이번에는 610m 길이의 동전터널을 만났다. 그러나 이 터널 안은 여러 가지 면에서 양호해서 자전거로 달리기 수월했다.

오늘은 어쩐지 생각보다 쉽게 길을 간다는 생각이 들었다. 아침에 숙소에서 나와 14번 도로를 달리다가 임곡교차로에서부터 2번 국도를 달리는 중이어서 길을 물을 필요가 없었다. 마산 시내를 통과하기 전 이정표에서 알려주는 대로 2번 국도를 따라 현동 교차로에서 우회전을 하여 길을 가고 있는데, 내 주변을 달리는 차들이 자꾸만 경음기를 울리며 지나갔다. 길에 차들이 별로 없는데도 자꾸만 경음기를 울리니 신경이 여간 쓰이는 게 아니었다. 그러는 중에 마창터널을 만났다. 길이가 1,230m나 되는 터널이었는데 불도 환하고 갓길이 널널하여 자전거로 달리기가 좋았다. 터널을 빠져나오자마자 시원한 마창대교가 눈앞에 나타났다. 그런데 뭔가 이상하다는 생각이 들었다. 다리를 건너오면서 요금을 내라는 팻말을 보았던 것이다. 분명 2번 국도를 줄곧 달려왔는데 어떻게 된 일인지 모르겠다. 우리나라 국도 중에도 도로 요금을 내라는 곳이 있었단 말인가?

'아차, 뭔가 잘못되었구나! 여기서 멈칫거리다가는 큰일 나겠구나.'
하는 생각이 순간 머리를 스쳤다. 얼른 요금소를 통과한 후 우측에 자전거를 세우고 지도를 살펴보았다. 긴장감으로 목이 말라 물도 마셨다. 그리고 다시 지도를 살펴보니 아까 우회전 한 곳에서 직진을 해 마산 시내를 통과한 후 봉암교를 건너야 했다는 것을 알았다. 나중에 알아보니 현동 교차로 부근에 '마창대교, 자동차전용도로' 라고 적힌 표지판이 있다는데, 나는 자전거를 달리는데 신경을 쓰다가 못 본 모양이다.

올해 6월 24날 준공식을 마치고 7월 1일부터 개통한, 사람들이 걸어

서는 건널 수 없는 자동차전용도로라는 것이다. 민간자본이 들어가 완성된 이 다리는 4차선 구간 총 8.7km가 전용도로로 통행세를 받는다는 것도 알았다. 하지만 그런 사정을 알지 못했던 나는, 지도에 내가 갈 길을 표시해놓고 그대로 따라 달리고 있으니 오늘처럼 정보가 없는 곳에서는 이런 실수를 할 수밖에 없었다. 자동차 전용도로 표시를 왜 못 보았는지 모르겠다. 갑자기 등으로 식은땀이 흘렀다. 자동차전용도로를 이륜차인 자전거가 달리면 불법이다. 달리는 차들과 사고가 나면 치명적일 수 있기 때문에 사람과 이륜차의 안전을 위해서 자동차전용도로가 생긴 것인데, 물색도 모르고 그 길을 달려왔으니 한심했다. 이 도로에 대한 정보가 전혀 없는 지금 전용도로가 얼마만큼 더 가야 끝이 날지 몰라 여기서부터는 차를 타야겠다고 생각했다. 한 5분 정도 기다렸더니 화물차 한 대가 들어왔다. 무조건 막아 세운 후 사정을 말하고 자동차전용도로 끝까지만 태워달라고 했더니 흔쾌히 타라고 했다. 화물차를 운전하시는 문창열 기사아저씨는 진주가 고향인 분으로 부산에서 김이나 파래 등을 사다가 삼천포 가게에서 판매를 하시는 분이셨다. 아저씨 차를 타고 15km 정도 달렸다. 헤어질 땐 너무 고마워 전화번호를 핸드폰에 입력하고 명함도 주고받았다.

어쨌거나 자동차전용도로를 이륜차로 달렸는데도 경찰들에게 들키지 않아 범칙금을 내지 않게 되었으니 그나마 다행이다. CCTV가 10대나 설치되어 있다니 과태료 고지서가 나중에 나오는 것은 아닌지 모르겠다.

'흐흐흐, 내 자전거에는 자동차나 오토바이처럼 번호가 없으니 그럴 일은 없겠지.'

이 도로 명칭은 '국도 2호선 대체 우회도로' 란다.

아저씨와 헤어져 한참을 달렸다. 오른쪽으로 배도 보이고 부두도 보였다. 아마도 진해항일 것이다. 다른 때 같으면 그곳으로 찾아가 돌아볼 터인데 자동차 전용도로를 달려 놀란 마음엔 여유가 없었다. 한참을 그저 앞만 보고 달리다가 배가 고파 길을 찾아 들어갔더니 시장이 나왔다. 7천 원을 주고 보신탕을 시켜 먹고 시장 골목으로 들어가 태극기를 사려고 했더니 비닐로 된 것밖에 없어 사지 않았다.

다시 길을 나섰는데 금방 을숙도가 나타났다. 을숙도를 건너고 부산역을 향하여 오는데 구덕터널을 지나가야 하는 길과 대기터널을 지나가야 하는 길이 나타났다. 그런데 구덕터널이 대기터널보다 훨씬 길었다. 그래서 길이가 짧은 대기터널을 통해 부산역으로 가는 길로 들어섰더니, 대기터널은 그동안 내가 지나온 터널 중 가장 위험한 터널이었다. 갓길이 전혀 없어 빗물이 흐르는 물길을 덮은 시멘트 덮개를 타고 달리는데 터널 중간에서는 그 시멘트 덮개마저 깨어져 차가 달리는 길로 들어갔다가 급히 다시 올라서는 곡예 아닌 곡예까지 부려야 했다.

간신히 터널을 빠져나왔다고 안심하는 순간 다시 부산터널을 만났다. 다행인 것은 이 터널은 자전거로 달리기에 다른 터널에 비해 안전하게 여겨졌다. 육교를 지나고 삼거리를 지나 부산역에 도착하니 오후 4시가 다 되었다. 부산역 사진을 찍은 후 고향친구 근호에게 전화를 했더니 연결이 안 되었다. 이곳에 도착하면 제일 먼저 찾아가기로 약속을 했는데 회사일이 안 끝난 모양이었다. 그래서 외제 자동차 부속 가게를 하는 친구 진호에게 전화를 했더니 반가워하면서 가게 위치를 알려주고 찾아오란다.

가게를 찾아가는 길은 서면 로터리를 지나가야 하는 것으로 기억하는데 내 기억 속 장소에 있던 로터리 탑이 없어진 것을 알았다. 하는 수 없이 지나가는 사람에게 서면 로터리가 어디냐고 물었더니 바로 내가 서 있는 곳이란다.

고향친구 변복년이네 식당 합천분식

고향친구들! 고향이란 말은 무조건 좋다 친구란 말도 무조건 좋다

현대의 서면 로터리에 서성이면서 옛날의 서면 로터리를 찾고 있었던 것이다. 그제서 내가 이 곳을 다시 찾은 것이 벌써 20년이나 지났다는 것을 알았다.

20년! 강산이 두 번이나 바뀐다는 세월이다. 어디 탑만 없어졌겠는가!

사라지고 새로 나타난 것이 한두 가지겠는가! 너무 많은 세월이 흘러갔고 너무 오랜만에 찾아왔다.

진호 친구 가게가 끝나는 시간까지 사우나에 가서 두어 시간 푹 몸을 담갔더니 개운해졌다. 우린 금정구 서동에 있는 합천식당으로 갔다. 고향 친구 복년이가 하는 식당이었다.

친구는 푸짐한 생태찌게를 끓여 내왔다. 술도 조금 마셨다. 그런데 이곳에서 헤어진 지 20여 년도 더 되는 고향 선배도 만났다. 회사 사람 셋하고 함께 식사를 하려고 찾아온 것이었다. 오랜만에 고향 사람을 만나는 것은 정말 기분이 좋았다. 무엇인가 푸근한 것이 나를 덮어주는 것 같은 느낌이었다. 내가 부산에 왔다는 소식을 듣고 멀리 양산에서도 친구가 찾아와 근호, 진호, 동진, 복년, 연숙 그리고 나까지 모두

여섯이 모였다.

식사를 마치고 노래방까지 가서 즐거운 시간을 보냈다. 어린 시절로 돌아가 한바탕 웃고 실컷 떠들었더니 금방 새벽이 2시가 되었다.

고향! 이 낱말이 주는 따뜻함이 참 좋다.

새벽길을 걷는데도 싸늘하게 느껴지지 않는 것은 고향친구들의 따뜻한 마음 때문일 것이다.

요사이 가슴을 짓누르는 모든 것을 잊고 웃게 해준 고향친구들이 정말 고마웠다. 모두 행복하고 넉넉하게 살면 좋을 텐데 조금은 힘든 모습이 보이기도 해서 마음이 안타까웠다. 그리고 오늘 모임을 주선한 진호가 정말 고마웠다.

고향친구들과 즐거운 한때

● 2008년 11월 22일 (부산: 17km)

부산에서 어슬렁거리다

부산 앞바다 일몰

근호집에서 잠을 잤다. 근호는 8시에 출근했는데 혼자 뒤척이며 게으름을 피우다가 늦게 일어났다. 친구 집에서 나오는 나를 보는 동네 할머니들의 눈초리에 의구심이 가득하더니 결국은 도둑으로 판단을 했는지 소리를 고래고래 질러댔다. 내가 이 집 주인의 친구라고 해도 영 믿어지지 않는다는 눈초리였다.

하긴 지금 내 자전거 전용 옷을 입은 차림이 여느 사람과 다르니 나이 드신 어른들이 보기에는 더욱 해괴할 수도 있을 것이었다. 하는 수 없이 20여 분을 서서 시시콜콜한 이야기에 맞장구를 쳐드리며 의심을 풀었다.

택시를 타려고 골목을 나오는데 길이 복잡하고 서로 얽혀 있어 어제 들어간 골목길이 기억나지 않았다. 하는 수없이 57번 종점을 물어서 골목을 벗어나 택시를 타고 진호네 가게로 갔다. 어제 진호네 가게에 자전거를 놓고 왔기 때문이었다. 부지런한 진호는 벌써 나와 있었다. 진호와 보신탕으로 점심을 먹고 헤어졌다. 나는 지나가는 나그네일 뿐인데 이렇게 지나가다 만나는 만남이 너무 길면 나에게나 그곳에 있는 친구들에게나 도움이 안 될 것 같아 이별을 서둘렀다.

부산역 방향으로 길을 가다가 부전시장에 들렀다. 이곳도 천안 중앙시장처럼 새 모습으로 바뀌어 있었다. 대형마트나 할인점 때문에 재래시장 상인들의 생계가 어렵다는 이야기를 많이 들었는데, 아마도 이 재래시장을 활성화하기 위한 고육지책으로 이렇게 새 단장을 했으리라.

부전시장에 오자 작은 고모님 댁이 이곳에서 가깝다는 생각이 났다. 친구들만 만나고 떠났다는 것을 알면 얼마나 서운해 하시랴 싶어 고모님이 사시던 곳을 찾아갔더니 다른 사람이 살고 있었다. 고모님께 전화를 했더니 그 사이 다른 아파트로 이사를 가셨단다. 부산진구 당감동에 있는 아파트를 찾아가는데 오르막이 어찌나 되던지 힘이 들었다.

고모님 댁에 도착하니 오후 2시 반이었다. 점심을 차려 주시어 먹고 오늘은 이곳에서 하루를 마무리했다.

⬇ 자갈치 시장에 오니 몇 년 전 칠레 산티아고 생선시장을 돌아다니던 일이 생각났다

⬆ 고모님 가족과 근호와 함께

● 2008년 11월 25일 (부산-장생포: 87.9㎞)

내 소망은 무엇인가?

⬆ 외도

이틀 동안 자전거 여행을 쉬었다. 오랜만에 여유로운 시간을 갖고 찾아온 부산이라서 일요일과 월요일은 이곳 친구들도 만나고 몇 번씩이나 실패했던 외도에도 다녀왔다. 그러나 외도는 내 생각보다는 감흥이 적었다.

아름다운 장소라고해서 꼭 직접 찾아가 볼 필요는 없다. 아름다움을 느끼는 것은 사람마다 다르기 때문이다. 외도에 다녀온 사람들이 이구동성으로 그 아름다움을 말해서 나도 늘 외도에 가보고 싶었다. 그래서 친구와 찾아가려고도 했었고, 산악회 사람들과도 가보려고 했는데 그 때마다 뱃길에서에서 막히고 말았었다. 그래서 외도는 나를 더 감질나게 했던 곳이었는데…….

외도가 아름다운 것은 사실이다. 평생을 바쳐 섬을 가꾼 이창호씨 삶이 함께 있어 더 아름다운 섬이다. 그러나 내가 찾아갔을 때의 외도는 내 마음을 설레게 할 정도의 아름다운 모습은 아니었다. 본래 자연적인 아름다움을 좋아하는 내 성향 탓이기도 하겠고, 내 상상 속의 외도가 너무 아름다웠던 탓에 가슴으로 찾아오는 감동이 적었는지도 모른다.

자연이 인간의 손을 타면 자연스런 아름다움은 줄어들기 마련이다. 외

장생포 고래박물관

도를 찾아가면서, 자연스런 아름다움을 볼 것이라 생각했던 것은 아니었지만 외도를 둘러보면서 난 네팔의 마나슬루로 가는 길에 만났던 다랑이 논이 그리워졌다. 외도나 마나슬루의 다랑이 논이나 사람의 손에 의해 빚어진 것이지만, 인간의 생활 속에서 자연스럽게 만들어진 마나슬루의 다랑이 논은, 외도의 아름다움과는 확실히 다른 경이로움이 있어 절로 감탄하게 되었는데 외도는 그런 느낌까지는 느껴지지 않았다.

늘 느끼는 것이지만 여행과 아름다움처럼 때(時)를 가리는 것도 드물다. 어쩌면 내가 찾아갔을 때의 외도는 가장 아름다울 때가 아니었는지도 모른다. 모두가 아름다운 곳이라고 해서 아무 때나 찾아가도 내게도 아름답게 느껴질 것이라고 생각했던 것이 잘못이었다.

아름답게 느끼는 것은 각자의 마음에 따라 다르다. 다른 사람들에게는 그저 그런 곳이라고 하더라도 다른 누군가에게는 아주 특별한 아름다움으로 다가오는 곳이 있기 마련이다. 고향 합천 가는 길이 내게는 정말 아름답다. 계절에 따라 달라지는 아름다운 풍경 때문이기도 하지만, 그 길 끝에는 때론 설레는 마음으로, 또 어느 때는 막연한 두려움과 걱정을 안고 달려가야 했던 어머니와 아버지가 계신 우리 집이 있었기 때문이다. 지금도 그 길을 달릴 때면 겨울에도 봄을 느낄 수 있고, 여름과 가을도 함께 볼 수 있다. 그래서 다른 사람들은 아무런 아름다움도 느낄 수 없는 길이겠지만 내게는 언제 찾아가도 아름답게 느끼게 되는 것이다.

외도의 정원

마나슬루 가는 길에 만나는 다랑이논

합천을 흐르는 아름다운 황강

오늘부터 다시 자전거로 여행을 시작했다.

고모부는 날씨가 많이 차가워졌다면서 하루 더 쉬고 내일 떠나는 것이 어떠냐고 하시고, 고모는 한 집 가장으로 자신의 몸을 좀 더 잘 돌보라고 하시며 붙잡았지만, 여기서 더 머물다보면 결국 주저앉게 될 것 같아 뿌리치고 길을 나섰다.

고모님 댁을 출발하기 전 서울 친구들이 보내준 '우리는 할 수 있다.'는 글이 적힌 노란 깃발과 '태극기'를 배낭에 꽂았다. 나를 응원하는 친구들이 '신의 가호가 함께 하소서.'라면서 십자가목걸이와 깃발을 보내왔던 것이다. 친구들의 편지 속에는 '누구든지 할 수 있는 일이라면 결코 하지 않을 사람'이라는 내용이 있었다. 나를 격려하기 위한 친구들의 마음이라는 것을 안다. 그러나 나는 모든 사람이 할 수 없는 것을 하려고 하는 것은 아니다. 모든 사람이 할 수 있는 평범한 일이 얼마나 소중한 것인데……. 처음부터 그런 거창한 생각 같은 것은 아예 없었다.

그저 답답해서 떠나고 싶었기 때문이었다.

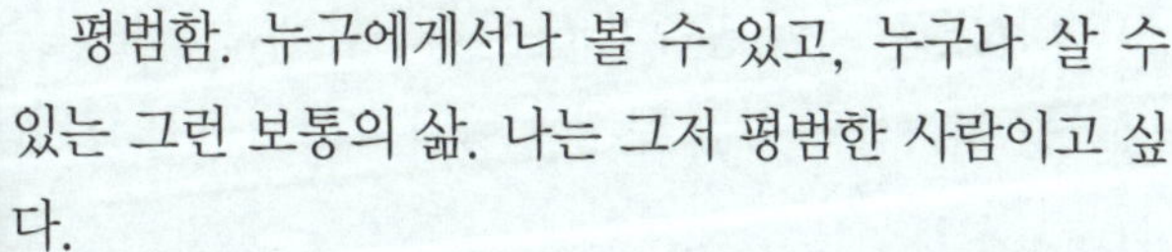

평범함. 누구에게서나 볼 수 있고, 누구나 살 수 있는 그런 보통의 삶. 나는 그저 평범한 사람이고 싶다.

결코 튀지 않는, 묻혀서 살아가는 아주 지극히 보통의 평범함.

주변 사람들과 비슷비슷한 일상이 부럽다. 아침이면 출근을 하고 저녁이면 직장 동료들과 술을 마시며 한때를 보내는 그런 보통의 삶을 살고 싶다.

그 소중함을 아는 사람이 얼마나 될까? 다른 사람

친구가 보내 준 깃발

겨울 해운대에는 갈매기만 있었다

들은 그것을 알고 있을까?

평범한 삶이 소중하다는 것을 나는 아주 늦게 깨달았다. TV에 비춰질 때마다 '이 사람은 보통사람입니다.' 라는 말을 자주 사용했던 대통령이 떠오른다. 보통으로 사는 것. 그 말이 주는 느낌은 평균의 삶인 것 같지만, 그건 지극히 이루기 어려운 평균 이상의 삶의 모습이라는 것을 알게 되었을 때는 나는 너무 지쳐 있었다.

그 말 속에 담긴 진리를 깨닫지 못했던 때는 개그맨 흉내를 내면서 그 말을 쓰며 철없이 웃었던 적도 있었다. 허나 그건 너무 이루기 어려운 진리였다. 보통의 삶, 지극히 평범한 모습으로 살고 싶은 내 간절함을 누가 알까? 다른 사람처럼 그저 그렇게 살고 싶었다.

9시 40분 고모님 댁을 출발했다. 어제 지도를 살펴보면서 14번 국도를 달려 기장으로 갈 계획을 세웠었다. 그런데 큰 길에 나와 지나가는 사람에게 길을 물었더니 아저씨 한 분이 기장으로 가는 길은 14번 국도를 통해 가는 것보다 해운대로 가는 길이 더 빠르고 쉽단다. 20여 년 전 부산을 떠난 후 한 번도 해운대해수욕장을 다시 찾아간 적이 없는데 불현듯 가보고 싶었다. 아저씨 말씀이 해운대를 통해서 가는 길은 달맞이고개를 넘어야하는 어려움이 있긴 하지만 터널을 통과하지 않아도 된단다.

20년만에 찾아온 해운대는 너무 많이 변해 있었다. 해수욕장 주변에 꽉 들어선 현대식 호텔들과 각종 위락 시설들, 그리고 정리가 잘 된 해변이 낯설었다.

그곳에서 가장 내 눈을 끈 것은 군데군데 서있는 화장실이었다. 합천 시골 냇가에서 물장구치며 놀던 촌사람이었던 내가 해운대해수욕장에 처음 찾아와 화장실이 없어 곤란을 당했던 일이 주마등처럼 스쳐갔다.

'참 낭패스러웠었는데…….'

그 때로 돌아가고 싶었다.

젊음이 있는 그 때!

어떤 것도 두려워하지 않고 자신감이 있었던 그 때!

두 아주머니가 공중화장실을 관리하고 계셨는데 참 깨끗했다. 자전거와 배낭을 맡기고 볼일을 보면서 가버린 세월을 아쉬워했다.

해월정

다시 길을 나섰다. 달맞이 고개를 넘어가지 않고도 기장으로 가는 길을 알아보기 위해 지나가는 아저씨께 길을 물었더니 고개를 넘는 것이 힘이 들기는 하겠지만 경치가 멋있다며 그리로 가는 것이 좋을 거란다. 달맞이 고개를 향하여 길을 가는데 자전거를 타는 부부를 만났다. 서로 이야기를 주고받는 중에 좋은 길을 알려 주어 고마웠다. 고개로 오르는 길은 결코 만만하지가 않았다. 더구나 며칠 동안 자전거여행을 쉬었더니 오르는 길이 더 힘들었다. 달맞이 고개에 있는 첫 번째 전망대까지 올라가 부산 앞 남해바다를 바라보니 가슴이 탁 트였다. 답답함이 조금은 사라지는 것 같았다.

전망대에서 내려와 내리막을 달려 31번 국도를 타고 달렸더니 12시 조금 넘어 기장군 일광면에 도착했다. 자전거에 붙은 계기판을 보았더니 오늘 벌써 34km를 달렸다는 것을 알았다. 이곳을 지나면서부터는 해안도로를 달렸다. 해송과 바다가 어찌나 잘 어울리는지 보기도 좋고 느낌도 좋은 풍경이었다. 아침에 추워서 완전무장을 하고 나섰더니 너무 더

붕장어 추탕

웠다. 12시 40분 철암마을에 도착하여 붕장어탕으로 점심을 먹었다. 점심 식사 후 준 승늪이 구수하여 아주머니께 한 병 가득 얻어 담고 다시 출발하여 도착한 곳은 간절곶이었다.

우리나라에서 새해 일출을 보는 명소 중의 명소 간절곶.

탁 트인 전망이 가슴을 후련하게 해주었다.

2001년 1월 1일 7시 31분 17초!

새천년이 밝던 날 한반도와 유라시아에서 가장 먼저 해가 뜬 곳이 바로 간절곶이다. 그날 이 자리에 찾아와 간절한 기원을 올리던 사람들을 TV로 본 기억이 떠올랐다.

매일 매일 떠오르는 태양이 새로운 태양인데도, 그래서 매일 매일이 새날인데도, 사람들은 그런 날엔 자신을 돌아보며 보다 잘살기를 기원한다. 그날 이후 벌써 8년이 지났다. 나는 그때보다 어떻게 달라져 있는가?

소망우체통이 보였다. 높이가 50m나 되는 이 우체통은 굳이 찾지 않아도 저절로 보인다. 많은 사람들의 소망을 담으려고 그렇게 큰 모양이었다.

간절곶 풍경

희망을 담고 있는 소망 우체통 ➡

박재상의 처와 그의 딸들

안내판에는 '간절곶에서 간절히 빌면 소망이 이루어집니다.' 라고 쓰여 있었다.

'나도 소망 하나를 적어서 편지를 띄워볼까?'

우체통 안으로 들어가 보고 싶었는데 공사가 한창 진행 중이라서 겉에서 보기만 했다.

신라 재상이었던 박제상의 부인과 두 딸의 조각상도 보았다. 박재상은 왕의 두 아우를 구하기 위해 고구려와 일본으로 갔다가 끝내는 돌아오지 못한 사람이었다. 그를 기다리다가 망부석이 되었다는 그의 아내를 생각하니, 그가 비록 충신이었다고는 하지만 한 아녀자의 삶에는 한과 그리움 그리고 서러움을 남겼다는 것을 알겠다.

자신의 삶을 다른 사람을 위해 희생한다는 것은 참으로 아름다운 삶이다. 그러나 그런 삶으로 인해 또 다른 누군가가 슬픔을 겪고 고통스러워하게 된다면 아름답게만 볼 수 있을까?

대의를 생각한다면 충신으로서의 삶이 더 훌륭하고 삶의 가치가 높겠지만, 그는 가장 가깝고 자신을 사랑한 가녀린 한 여자를 슬프게 한 남자이기도 하다. 얼마나 사랑하고 그리워했으면 한자리에 서서 기다림에 지쳐 돌이 되었을까?

사랑의 힘은 참 위대하다. 오늘날에도 그녀처럼 그리움에 지치면 돌이 될 수 있는 사랑으로 서로를 사랑하는 사람들이 어느 곳엔가는 있으리라!

망부석이 된 그녀가, 아니 지금도 그녀처럼 사랑하는 누군가가 부럽다. 그런 사랑은 아무나 하는 것이 아니기 때문이었다. 나도 누군가를 그녀처럼 사랑하고 싶었다. 아니 진정 부러운 것은 나도 그런 사랑을 할 수 있는 가슴을 가진 남자이고 싶었다. 메말라버린 내 가슴이 쓸쓸했다. 나를 메마르게 한 내 삶이 한스러웠다.

새천년 비상을 담은 거북상과 멋진 등대를 본 후 도착한 진하해수욕장은 생각보다 크고 모래밭이 넓었다. 그런데 모텔이 얼마나 많던지 전국에서 가장 많은 곳이 바로 이곳이 아닐까 싶을 정도였다.

다시 출발해서 길을 가는데 차를 타고 가던 부부가 문을 열고 나를 향해

"파이팅! 성공하십시오!"

하고 소리치며 지나갔다. 그 격려를 들으니 다시 힘이 났다.

해안도로 끝에서 31번 도로를 다시 만난 후 서생교를 건넜다. 그런데 이때부터 정말 위험했다. 특히 울산시청과 울산항으로 길이 갈라지는 두 왕사거리까지 15km 정도의 31번 국도는 최악이었다. 갓길이 없어서 차들과 함께 달릴 수밖에 없는데 공단지역을 드나드는 대형차들은 오직 그들만 있는 양 마구 내달렸다. 그 도로 위에서는 오직 그들만의 질주와 속도가 존재할 뿐이었다. 말 그대로 그 도로 위는 무법천지였다.

그들에게 자전거로 달리는 나는 보이지도 않는가 보았다. 어찌나 경음기를 크게 울리는지 갓길도 없는 곳에서 나보고 어디로 피하라고 그리 울려대는지 모르겠다.

장생포 타령 노래비

수도관이 터졌는지 물이 솟구쳐 오르는 곳에서는 아무리 손을 흔들어대도 달리던 속도를 줄이지 않고 그냥 달려 쏜살같이 가버리는 바람에 앞뒤로 물을 다 뒤집어썼다. 그렇게 빨리 그곳을 지나면 목적지에 몇 분이나 빨리 갈까? 고작 1~2분일 텐데……. 나도 저렇게 질주하지는 않았는가?

대형차들이 굴비 엮듯이 줄지어 달리는 길을 함께 달리자니 스트레스가 엄청났다. 장생포로 들어가는 길에서 나는 타인에 대한 분노와 나 자신에 대한 자책 사이를 오고가는 감정을 다스리느라 힘들어야 했다. 조금만 천천히, 아주 조금만 천천히 살면 이런 위험이 없을 것 같아 안타까웠다.

우리는 무엇을 위해 그리 급하게 서두는 것일까?

아프리카 킬리만자로에 오를 때 탄자니아 포터들이 한국 사람만 보면 '뽈레 뽈레'를 외치던 것이 생각났다. 그 먼 나라 높은 산에 가서도 우리나라 사람들은 서두는 성향을 버리지 못하고 급히 오르려고 했던 모양이다. 진정 무엇을 위해 그렇게 급하게 서둘고 있는지 아는 사람들이 몇이나 될까?

"탱크야, 네가 증인이다. 난 이제부터 천천히 살 거다."

나도 내게 다짐을 받았다.

고래박물관에서

조금만, 아주 조금만 지금보다 천천히 살자.

공단지역을 지날 때 사고현장을 지나게 되었다. 사고처리를 하면서 물로 닦았는지 도로에는 핏물이 고여 있고 여기저기 피 묻은 헝겊이 뒹굴어 살벌했다. 가뜩이나 대형차들의 횡포에 불안하던 참이었는데 이런 장면을 보니 기분이 안 좋았다. 그래도 사고가 난 곳 도로는 다른 곳보다 조금 넓어서 다행이었다.

위험한 그 길이 끝나는 지점에서 자전거 마니아를 만났다. 화물차 운전을 하시는 분이라는데 대단하다면서 꼭 성공하라고 격려를 보내주었다.

저런 사람들만 있으면 얼마나 좋을까? 욕심이다.

울산역 쪽으로 가다가 장생포고래박물관 이정표를 보고 방향을 틀었다. 바다에서 제일 커다란 생물에 관한 박물관이라고 해서 큰 기대를 하고 찾아갔는데 조금 실망했다. 그리 크지 않은 3층 건물로 2층에 있는 포경역사관, 3층의 귀신 고래관을 둘러보았다.

옛날 이곳 울산이 고래잡이로 유명해서 이곳에 고래박물관이 세워졌다는데, 내가 너무 큰 기대를 하고 들어왔던가 보다. 박물관 천장에 큰 고래 한 마리가 박제되어 매달려 있는 것만 인상 깊었다. 옛날에 사용하던 고래잡이 도구들도 내게 깊은 인상을 주지 못하고, 우리나라의 유일한 고래박물관이라는데 다른 박물관들에 비해 너무 왜소하다는 느낌이 들었다.

박물관에서 나와 길 건너편에 있는 테마파크에 숙소를 정했다. 숙소 바로 옆이 장생포고래집이어서 고래 고기를 먹으러 갔더니, 요즘은 고래를 잡을 수가 없어 고래 고기 값이 금값을 능가한단다. 고래를 잡으면 로또에 당첨됐다고 한다니 고래잡기가 얼마나 힘든지 알겠다.

쉬고 있는 내 흔적들

세계 여러 나라의 지나친 남획으로 바다에서 고래가 멸종 생물이 되어가고 있어 지금은 국제포경위원회가 정한 시즌이나 크기, 포경 방법으로만 잡을 수 있기 때문에 고래를 잡기가 힘들어 진 것은 사실이지만 국제사회가 멸종되어가는 생물을 보호하기 위해 취한 조치는 마땅하다고 생각됐다.

한백 산악회 김형길 대장이 수시로 격려 전화를 하면서 장생포에 들르면 꼭 다양한 고래 고기를 먹어보라고 했는데, 1인분씩은 팔지 않아 고래찌개를 먹는 것으로 만족했다. 덤 스포츠 김전무가 두 번이나 전화를 했는데 통화를 못해 전화를 했다. 힘내라고, 잘하고 있는지 궁금하다고 안부 전화를 한 것이었다. 이번 여행길에 전화로 격려를 해 주시는 분들이 참 많다. 한장수 사장님도, 그리고 이갑봉 형님도 내게 전화를 해서 격려해 주셨다. 많은 사람들의 격려가 지금 내게는 정말 큰 힘이 되고 있다.

● 2008년 11월 26일 울산 (장생포-호미곶: 95km)

해를 맞이하는 곳으로

호미곶 등대

아침 안개가 짙었다. 그래서 안개가 벗어지면 길을 나서야겠다고 생각하며 식당으로 갔더니 주인아주머니가 밥이 뜸이 덜 들었다며 조금 후에 오란다. 방에 돌아와 짐을 챙기고 식당으로 가서 곰탕을 먹으니 출발 시간이 9시 20분으로 다른 날보다 많이 늦어졌다.

울산역 방향으로 길을 나섰더니 어제 박물관을 들어올 때 달렸던 길을 다시 달리게 되었다. 처음부터 고래박물관을 돌아볼 생각을 했더라면 한 번 달린 길을 또 달리는 일은 없었을 텐데 이정표를 보고 갑자기 방향을 바꾼 것이라 좋지도 않은 길을 또 달린다.

태화강에 놓인 명촌대교를 건너서 현대자동차 울산공장 앞을 지나갔다. 이곳에서부터 감포로 가는 31번 국도를 만나는 곳까지는 자전거 도로가 아주 잘 되어 있었다. 신현교차로에서 31번을 벗어나 1,027번 지방도로를 타고 해안도로를 달렸다. 위험한 대형차들이 조금밖에 다니지 않아 신경을 쓰지 않아도 되니 좋았다. 길은 다시 31번으로 이어졌다. 한참을 달려 그리 심하지 않은 오르막을 올랐다. 그 오르막은 길이가 999m나 되는 무릉터널로 이어졌다. 터널이 있다는 것을 전혀 모르고 들어왔

이곳에서 튜브를 바꿔 끼었다

는데 다행히 터널이 평평해 위험하지 않았다. 터널에서 나오자 길은 다시 내리막으로 이어져 한참을 또 달렸다.

그런데 바람이 심해서 내리막인데도 속도가 나지 않았다. 정자항을 알려주는 이정표가 나타나는 곳에서 길이 두 갈래로 갈라졌다. 직진을 하면 새로 난 길이고 우회전을 하면 옛날 만들어진 길로 정자항을 가는 길이었다. 옛길을 택해 가는 데 길옆에 있는 공예점에서 아저씨가 복주머니를 만들고 계셨다. 안에 들어가 구경도 하고 사진도 찍고 나왔다.

그런데 이때 내 친구 탱크의 타이어가 바람이 빠져 튜브를 갈았다. 태어나서 생전 처음 해보는 일이었다. 평생 내 손으로 타이어를 빼내어 갈아본 적도 없고, 펑크를 때워본 적도 없는 사람이 하는 일이라 어설프기 짝이 없었다. 공예점을 나서서 한참을 오르고 내리며 오는데 달맞이 휴게소가 있었다. 부산의 달맞이 고개가 생각이 나 휴게소 부근 사진도 찍고 들어가 원두커피를 마셨다.

길은 다시 길로 이어지고, 나는 또 달렸다.

낚시하기 좋은 곳이라고 생각이 드는 곳에서 굿판이 벌어지고 있었다. 누구의 한을 달래기 위한 넋두리인지, 아니면 무병장수를 기원하는 것인지 가까이 가서 보지 않아 알 수는 없었다.

부산 달맞이 고개를 생각나게 하던 달맞이 휴게소에서 본 바다 풍경

굿하며 기원하는 사람들

저렇게 빌면 무엇을 얻을 수 있을까? 마음의 평안일까?

아니면 어떤 죄의식에서 벗어나고픈 몸부림은 아닐까? 공연히 남의 굿판에 내가 궁금해졌다.

원자력 발전소 입구가 보이자 경치가 정말 아름다워 보기 좋았다. 월성원자력 발전소를 끼고 좌회전을 한 후 2.5km 정도 오르막을 오르니 평지가 나타났다.

나도 좋아하고 탱크도 좋아했다.

그런데 돌아보니 또 오르막이었다. 1.5km를 또 오른 후 내리막으로 이어지는데 이 내리막길이 여간 급한 경사가 아니었다.

정면은 바다이고 우회전하면 원자력 반대편으로 들어가는 길이라서 좌회전을 해야 감포로 갈 수 있는데, 완전히 T자형 길이라 여간 위험하지 않았다. 정말 내리 꽂는다는 표현이 적절할 정도로 내리막길이 위험했다. 좌회전을 하다가 브레이크를 잘못 조작하면 그대로 바다로 처박힐 판이었다. 그런데다가 원자력발전소로 들어가는 차나 많아서 내리막에서 좌회전을 할 수가 없었기 때문에 브레이크를 잡아야했다. 차가 없는 때에 좌회전을 했다. 길 양쪽으로 해송이 서 있는데 솔 향이 어찌나 좋은지 나도 모르게 숨을 깊게 들이마시고 있었다.

좋은 향을 맡으면 기분이 좋아진다. 그래서 향수가 생겨난 것이 아니겠는가? 꽃들은 대부분 좋은 향을 가지고 있다. 장미꽃을 코에 대면 참 달콤하면서도 부드러운 향을 맡을 수 있다. 그러나 꽃들이 가진 향은 그윽함보다는 강하면서 자극적인 것이 많다. 그런데 오늘 내가 맡고 있는 소나무 향은 그윽하고 은은해서 참 좋다. 내 옆에도 솔 향처럼 편안하게 해주는 사람이 많으면 좋겠다.

감포 앞 바다에 있는 문무대왕수중릉

점심은 감포에 도착해 백반으로 먹었다. 끼니때가 되면 자꾸만 전라도 생각이 난다. 한 상 그득 푸짐하게 나오던 전라도의 밥상을 누군들 좋지 않을까? 파도 소리가 들리는 바닷가에서 나는 전라도 밥상이 그리웠다.

문무대왕수중릉을 보고 출발했다. 이때까지 나는 내 자전거 수리 솜씨에 아주 만족하고 있었다. 그런데 자전거에 올라타자마자 자전거 바퀴의 바람이 또 빠진 것을 알았다. 다시 바람을 넣고 출발하는데 이때부터 마음이 여간 불안한 것이 아니었다. 그런데 길은 연달아 오르막과 내리막이 나타났다.

게다가 나를 더 힘들게 하는 것은 바람이었다. 어찌나 바람이 센지 내리막에서도 앞으로 나가기가 힘들었다. 바닷바람이 이렇게 센지 정말 몰랐다. 계속 이런 바람이 분다면 동해안을 달리는 동안에 너무 지치고 힘이 들 것 같았다. 벌써 이십여 일 계속 되는 일정이라서 떠날 때에 비하면 체력이 많이 떨어져 있는데 이렇게 내리막에서도 속도가 안 나니 마음이 더 지치는 것 같았다.

통일전망대까지 여행을 다 마칠 수는 있을까?

그것도 걱정이 되었다. 하루하루의 목적지는 가다가 멈추면 되지만 이렇게 기운을 소진하다가는 스스로 포기할지도 모르겠다는 불안도 생겼다. 오르막을 오르기 힘이 들 때면 그 끝에 내리막이 있다는 생각을 하면서 힘을 냈는데, 이렇

겨울바람에 말라가는 오징어

해와 달이 된 전설의 연오랑과 세오녀

게 내리막에서도 달리지 못하니까 탈진할 것 같았다. 구포휴게소에 도착했을 때는 정말 쉬고 싶었다. 그래서 원두커피를 한 잔 마시며 쉬는데 좀처럼 회복이 안 됐다. 따뜻한 국물이 있는 음식을 먹으면 나을 것 같아 2,500원 하는 라면 한 그릇을 시켰다. 재미있는 것은 다른 라면은 한 그릇에 2,500원인데 유독 신라면만 3,000원이란다. 라면 값이 크게 차이가 나지 않는데도 음식 값이 차이가 나는 것을 보면 이곳을 지나가는 사람들이 신라면을 많이 찾는가 보다. 다른 라면에 비해 수요가 많으니까 상인이 가격을 높여놓은 것이 아니겠는가? 어쩌면 우리나라 사람들이 신라면을 가장 즐겨 먹는지도 모르겠다. 음식에 그리 까다롭지 않은 내게도 매콤한 신라면이 더 잘 맞는다. 소비자의 욕구를 얼마나 정확하게 반영하느냐에 따라 상품의 판매는 성공하게 된다. 신라면을 만든 농심은 사람들의 입맛을 정확하게 알아냈던 모양이다. 뜨끈한 국물과 면을 먹었더니 몸이 훈훈해지면서 조금씩 나아졌다.

그런데 대형화물차를 많이 만난 어제랑 오늘, 바람 속을 달리느라 핸들을 잡은 손에 너무 힘을 많이 주었는지 손에서 자꾸만 힘이 빠졌다. 너무 힘들어서 오늘은 여기서 멈출까 하는 생각도 들었지만 더 가야 할 것 같은 길 욕심이 났다. 30분 정도 쉬고 구포휴게소를 출발했는데 쉬었다가 길을 나서서 그런지 추워서 달릴 수가 없었다. 그래서 길옆에 자전거를 세워놓고 등산복 내피를 안에 입었더니 긴장된 몸이 풀려 그나마 자전거 타기가 나아졌다. 휴게소아주머니께서 오르막이 몇 개 있지만 앞으로는 길이 좋다고해서 어쩌면 오늘 구룡포에 도착할 수 있을 것이라는 기대를 했는데 정말 생각보다 이르게 구룡포에 도착했다. 포항 시내로 가는 길과 호미곶으로 가는 갈림길에서 잠깐 망설였다. 오늘 너무 힘이 들어서 곧바로 포항 시내로 들어가 죽도 시장에서 식당을 한다는 친구

안기성 처남네를 찾아가서 저녁을 먹고 쉬고 싶었다. 그런데 서로 마주 보고 있는 조각 '상생의 손'이 있는 호미곶이 지척인데 이곳까지 와 그냥 지나치면 내내 미련이 남을 것 같아서 호미곶을 가기로 마음 정했다.

갈 길을 정하고 나니 다리에 힘이 생겼다. 그리고 애태우던 문제 하나가 해결되었다는 전화를 받아 기분이 나아져 페달을 밟는 힘에 탄력이 붙어 신들린 사람처럼 오르막을 올랐다.

구룡포에서 호미곶으로 오는 길에는 차도 거의 없어서 더 잘 달렸다. 대형차는 아예 보지도 못했고 승용차만 몇 대 스쳤다. 길을 달리면서 차에 대해 신경을 안 쓰니까 정말 편했다. 마음이 몸을 다스리고 있었다. 그렇기 때문에 항상 마음이 편해야했다. 그렇지만 내 마음대로 편하고 싶어도 편하지 못한 것이 또 마음이었다. 그래서 마음을 다스릴 줄 알아야 하는데……. 이번 여행에서는 마음을 잘 다스리는 지혜를 조금이라도 깨닫고 싶다. 그것이 이번 여행의 작은 목적이기도 하다.

구룡포에서 자전거 튜브를 사려고 길을 물었더니 시골 사람들 표현이 구구각색이었다. 같은 언어를 쓰는 내가 찾아갈 수가 없었다. 우리말의 표현이 길을 찾기에는 참 어려웠다.

"(턱을 들어 앞으로 내밀며) 쭉 가면 나와요."

"(손가락으로 방향을 가리키며) 저리 가면 되는데요."

"(중학생들) 쪼금만 가면 보여요."

쭉 가보기도 하고, 저리도 가보고, 쪼금도 가보았지만 자전거점을 찾지 못했다. 만약 외국인이었다면 참 당황스럽겠다. 튜브는 사지도 못하

육지에 있는 상생의 손

바다에 있는 상생의 손

고 이리저리 헤매며 구룡포를 두 바퀴나 돌았다. 그렇게 헤매다가 호미곶에 도착했을 때는 날이 어둑어둑해졌다. 사진을 찍었더니 빛이 부족하여 검게 나왔다.

숙소를 정하고 과메기 말리는 모습을 찍고 싶어 다시 나갔다가 포장마차에서 과메기를 안주 삼아 동동주를 조금 마셨다. 과메기를 더 먹고 싶었는데 다 팔리고 남은 것이 고작 세 마리뿐이어서 아쉬웠다.

오늘 정말 고마운 것은 탱크였다. 감포에서부터 불안했는데 다행스럽게도 호미곶 숙소에 무사히 도착한 후에 바람이 빠진 것이다. 모텔 방에서 다시 손보고 바람을 넣었다. 생전 타이어라고는 수리해 본 적이 없는데 오늘만 세 차례나 고쳤다. 또 바람이 빠질까 걱정이 됐다.

오늘이 작은 딸 한나 생일이었다. 어젯밤 축하 전화를 하긴 했지만 그래도 다시 전화를 했다. 생일을 기억해 주어서 기뻐했다. 함께 있으면서 축하해 주었더라면 얼마나 좋아할까? 상냥하고 애교가 많은 아이라서 내 전화에도 행복해 하며 즐거워했지만 그게 내 가슴을 더 아프게 했다.

숙소에 누워 하루를 또 정리해 보았다. 정말 힘이 들어서 호미곶을 그냥 지나칠 뻔했는데 이렇게 찾아온 것이 위안이 됐다. 호미곶으로 오는 길은 환상적이라고 할만 해 내 결정이 더욱 만족스러웠다.

● 2008년 11월 27일 (호미곶-영덕 강구: 87km)

오늘은 또 어디까지 가야 하나?

해초를 치우는 사람들

9시쯤 해물순두부로 아침을 먹었다. 엿을 넣은 오징어 볶음이 반찬으로 나왔는데, 오징어 입만 모아 볶은 것이었다. 이렇게 한꺼번에 많은 오징어 입을 보는 것도 처음이었다. 과메기 말리는 집이라면서 맛보라고 과메기 한 마리를 더 주는 인심을 베풀어주었다.

영일만 방향으로 길을 나섰다. 바람을 넣고 출발했지만 자전거 튜브가 자꾸만 신경이 쓰였다. 아름다운 해안선을 볼 수 있는 해안도로를 달리는 것이 좋았다. 그리고 아침이라서 햇볕이 정말 맑고 밝았다. 이렇게 좋은 햇살을 받으며 길을 가게 되어서 출발이 상쾌했다.

하지만 기분이 좋아도 오르막을 오르는 것은 여전히 힘이 들었다. 출발해서 처음 만난 오르막은 2km 정도가 되었는데 여전히 오르기 버거웠다. 오르막을 오른 후 한동안 편안한 길을 달렸는데 그 끝에 공사 중인 길을 만나서 우회도로를 달려야 했다. 그러나 그 길도 공사 중이었다. 그래서 자꾸만 길을 돌아야했다. 행여 이곳에 다시 와서 또다시 영일만으로 길을 가려면 밥을 든든히 먹고 출발해야겠다. 우회도로로 돌고, 또 돌고, 그리고 또 오른쪽으로 돌았다. 자꾸만 돌아서 쉽게 배가 고파졌다.

바다가 일터인 해녀들

10시에 발산항에 도착했다. 항구가 작고 지저분했지만 활기찬 모습이어서 보기 좋았다. 발산항에 정박해 있는 배를 보다가 앞을 보는 순간 숨이 턱 막혔다. 저 앞으로 내가 가야할 길이 보이는데 까마득한 오르막이 기다리고 있는 것이었다. 순간,

'올라가지 말고 여기서 주저앉아 놀아버릴까?'

'오늘도 힘들겠구나.'

생각이 많아졌다. 이제까지는 힘든 오르막을 오를 때 앞으로 겪을 어려움을 미리 볼 수 없었기 때문에 주저앉고 싶은 생각이 들지는 않았는데 내가 겪을 어려움을 알게 되니까 미리부터 지쳤다.

가파른 오르막은 1.5km가 넉넉했다. 숨차게 올라 만난 내리막길은 처음에는 작은 굽이를 몇 개 돌면서 내려가다가 큰 모퉁이 하나를 만나게 되는데 이곳에서는 자칫 중앙선을 넘지 않을까 여간 조심하지 않으면 안 되었다.

10시 30분에 홍환해수욕장에 도착했을 때는 너무 힘이 들어 거리에서 호떡과 커피를 사먹었다.

창림동 해병사단 북문 맞은편에 있는 자전거포에 들러서 그동안 불안했던 튜브를 샀다. 하나에 6천원밖에 하지 않아 얼핏 서울보다 싸다는 생각에 두 개나 샀다. 커피를 마시고 싶어 부탁했더니 주인아주머니께서 직접 타주셨다. 커피를 마시며 주인아저씨와 이런저런 사는 이야기를 나누었다. 어디를 가나 살기 어렵다는 이야기를 듣게 된다. 그만큼 우리나라의 경제사정이 어려워졌다는 것을 알겠다. 자전거포 운영만으로는 경제적으로 힘들어 성인용품을 함께 팔고 있었다.

뉴스에서도 매일 전 세계가 경제공항에 빠져가고 있다고 전한다. 그런

튜브를 산 가게

뉴스가 아니라도 이번 여행을 하면서 지나치는 곳에서 만난 사람들은 하나같이 힘들다고 말했다. 그래서 어려워지고 있음을 피부로 느낀다.

'내 사정은 언제쯤이면 나아지려나?'

막연함에 갑갑해졌다.

다시 또 탱크와 길을 나섰다. 튜브를 두 개나 사고 난 후라 왠지 가슴이 흐뭇하고 천군만마를 얻은 듯이 든든하여 기분이 좋아 신나게 달렸다. 그런데 자꾸만 머리가 허전하면서 시원하다는 생각이 들었다. 그 때 뒤에서 어떤 차가 연속 경음기를 울리면서 다가왔다. 왜 그러는지 알아보려고 고개를 돌린 순간 자전거포 아저씨라는 것과 내가 헬멧을 그곳에 놓고 왔다는 것을 동시에 알았다. 그래서 머리가 자꾸 허전하였던 것이다. 내가 떠난 후 헬멧을 발견한 아저씨께서 차를 타고 2km나 달려와 전해 주신 것이다. 그 고마움은 이루 말할 수 없었다.

아저씨와 헤어져 포스코 앞을 지나게 되었다. 포스코 정문에서는 시위가 한창이었다. 현수막과 플래카드에 '환경', '오염' 등의 글자가 보이는 것을 보니 포스코가 하는 사업에 대하여 주민들이 환경오염을 문제제기하며 시위를 하고 있는 것이 아닌가 생각되었다. 현대사회는 어디를 가나 환경오염이 가장 큰 문제 중 하나이다. 발전과 환경오염은 동전의 양면 같은 관계라서 부딪힐 수밖에 없는 경우가 많다. 누군가에게도 상처가 되지 않으면서 원만하게 해결되었으면 좋겠다.

포스코를 지나 신형산교를 건넜다. 형산강을 가로지르는 이 다리처럼 자전거도로가 잘 되어있다면 나처럼 자전거로 여행하는 사람들에게는 천국이나 다름없겠다. 다리에 만들어진 2차선 자전거도로는 정말 달리기

좋았다. 이런 자전거 전용도로가 있다면 사람들이 웬만한 거리는 차보다 자전거를 이용하게 되지 않을까 하는 생각과 에너지를 절약하고 환경오염을 막기 위해 지자체에서 이런 길을 만들어 주면 좋겠다는 생각이 들었다.

다리를 건너자마자 우회전하여 3km 정도 가니 죽도 시장에 도착했다. 그런데 내가 찾아보려고 했던 안기성 친구의 처남은 새벽까지 식당일을 하고 문을 닫았다가, 오후 3시나 되어야 다시 나온단다. 12시 40분에 근처 다른 식당에서 소머리국밥으로 점심을 먹었다. 재래시장인 죽도시장도 다른 곳의 재래시장처럼 천장 등을 새로 만들고 상가들을 새롭게 정비한 것처럼 보였다. 우리나라 어느 곳의 재래시장들이 겪는 문제를 이곳인들 피할 수 있었겠는가? 나부터도 재래시장보다는 대형할인마트를 더 많이 이용하고 있으니 재래시장의 만성적자 운영이 개선되려면 무엇인가 보다 획기적인 개선책이 뒤따라야 하지 않을까 싶다. 어디를 가나 경제가 너무 어려워지고 있다는 것을 느끼게 되어 기분이 착잡했다.

택시 기사와 자전거를 타고 가는 사람에게 연달아 길을 물었더니 7번 국도를 타는 것이 가장 좋단다. 사람들이 그렇게 알려주었는데도 나는 7번을 달리면 왠지 밋밋할 것 같아 미련한 고집을 피우며 북부해수욕장으로 가는 912번 해안도로로 길을 들어섰다.

바다에서 물기둥이 하늘로 솟아오르는 분수도 보고 해수욕장 끝에서 사람들이 모여서 떠밀려온 해초를 제거하는 것도 보았다. 이곳에서 길이 조금 이상하다는 느낌이 들어 영덕으로 가는 길을 물었더니 길이 험하다며 공사 중이니까 돌아가란다. 하는 수 없이 다시 죽도 시장 방향으로 되돌아 나오다가 좌회전을 하면 7번 국도로 들어갈 수 있고 우회전을 하면 영일만항구로 들어갈 수 있는 이정표를 발견했다.

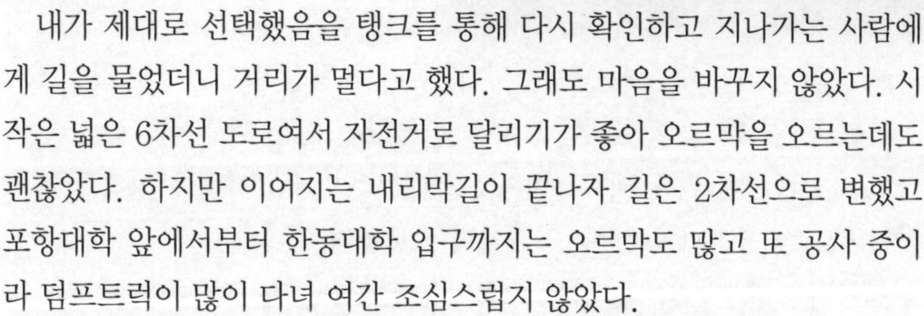

시원한 물줄기를 뿜어올리는 분수

또 망설였다. 그 때 '영일만 친구' 라는 노래가 떠올랐다. 그래, 들렀다 가자.

"탱크야, 그래야 후회하지 않겠지?"

내가 제대로 선택했음을 탱크를 통해 다시 확인하고 지나가는 사람에게 길을 물었더니 거리가 멀다고 했다. 그래도 마음을 바꾸지 않았다. 시작은 넓은 6차선 도로여서 자전거로 달리기가 좋아 오르막을 오르는데도 괜찮았다. 하지만 이어지는 내리막길이 끝나자 길은 2차선으로 변했고 포항대학 앞에서부터 한동대학 입구까지는 오르막도 많고 또 공사 중이라 덤프트럭이 많이 다녀 여간 조심스럽지 않았다.

공사 중! 공사 중! 포항의 도로는 온통 공사 중이었다. 신영일만항구도 공사 중이어서 보지도 못하고 다시 국도로 나오는데 또 공사 중!

어라, 길이 사라졌다. 나는 해안도로를 타고 우현동 쪽으로 와서 7번 도로로 들어설 생각을 했는데 공사 중이라서 해안도로에는 가지도 못하고 공사장에서 지시하는 대로 우회도로를 달리다보니 흥해읍에 와서야 겨우 7번 도로를 만났다. 도대체 공사장을 얼마나 헤매고 다녔는지 모르겠다. 흥해읍도 공사 중이기는 마찬가지였다. 오늘 오후는 온통 우회도로만 쫓아 다닌 꼴이 됐다. 포항은 도시 전체가 다 공사 중이었다.

미련하게 고집을 피워서 그렇다. 다른 사람이 알려주는 대로 길을 갔으면 될 것을 공연히 정보도 없는 상황에서 멋대로 움직였더니 고생만 했다. 지나가는 아주머니께 길을 물어 가다보니 흥해읍 시장이 보였다. 시끌벅적하고 사람 냄새 나는 시장구경을 정말 좋아하는데 시간이 너무 많이 지났고, 오늘 목적지로 정한 곳이 아직도 너무 멀어 불안해서 그 좋아하는 시장구경을 포기했다. 시장을 벗어나자 도로는 또 공사 중이었다. 그래서 왼쪽으로 7번 국도가 보이는 곳부터 농로를 타고 가야했다.

히말라야를 오르던 때의 일이 생각났다. 고락셉(5,200m)에서 칼라빠타르(5,555m)에 오르던 새벽에 있었던 일이다. 그 전날 친구와 고락셉 주변 언덕을 올랐던 나는 새벽에 혼자서만 고집을 피우며 다른 길을 택해 올랐다. 대장과 친구가 가는 길이 어제 낮에 보아둔 길목이 아닌 것 같아 나 혼자 길을 갔는데 뒤늦게 내가 길을 잘못 택했음을 알았다. 어둠 속에서 어찌나 놀랐던지 내가 가던 길에서 다른 사람들이 있는 곳까지 가기 위해서 나는 죽을힘을 다했었다. 얼마나 정신이 없었던지 그곳에서 스틱을 두 개 다 놓고 왔다. 그 때도 미련한 고집을 피워서 그랬는데 오늘도 사람들이 알려준 대로 7번 국도를 탔으면 이런 고생은 하지도 않고 어쩌면 오늘 영덕까지 갈 수 있었을지도 모른다.

강구까지 오는 길에는 힘든 오르막은 없었다. 그러나 공사 중인 곳을 헤매고 다닌 까닭인지 배가 고팠다. 도로 우측에 있는 용산휴게소에 들어가 커피와 영양갱을 사 먹고 영덕까지 거리를 물었더니 30km가 남았단다. 믿을 수 없지만 내 기억에 영덕보다 강구에 잠을 잘만한 숙소가 많았던 것 같아 목적지를 바꾸었다. 강구로 오는 길은 오르막도 없고 아주 좋았다.

강구에 도착하여 첫 번째로 보이는 호텔 닮은 그랜드비치모텔로 숙소를 정했다. 이 모텔은 겉모양과 전경은 아주 좋았지만 내부는 생각만큼 좋지 않았는데 주인아주머니가 가장 전망 좋은 방으로 주고 빨래도 해준다고 해서 오늘 묵어가기로 정했다. 바로 밑이 바다라서 방에서도 파도 소리가 들렸다. 여름에 찾아오면 아주 좋은 숙소일 것 같으나 겨울에는 조금 미흡하게 여겨졌다. 난방이 제대로 안 되는지 침대 위에 전기장판을 깔고 자야해서 기분이 영 좋지 않았다. 방도 너무 작아서 내 친구 탱크를 들여 놓지도 못했다.

오늘은 이번 여행 중에서 가장 땀을

바다가 삶을 격려하고 있다

낮에 보니 더욱 먹음직스런 과메기

많이 흘린 날이었다. 공사 중인 곳에는 오르막도 많아서 힘도 엄청 들었고, 그런 길을 오르고 내리자니 자연히 땀이 많이 났다. 어떤 오르막 고갯길에서는 내가 거의 정상에 도착하려고 하는 즈음에 짐을 가득 실은 덤프트럭이 막 정상을 벗어나며 내려달리는데 뒤에서는 빈 덤프트럭이 쏜살같이 달려와 순간적으로 내가 그 틈바구니에 끼였다. 옷이 걸릴 정도로 간당간당 벗어나는데 다리가 후들거리며 맥이 빠졌다. 덤프트럭이 지나간 후 자전거에서 내려서 몇 번씩 앉았다 일어났다 하면서 기운을 차려야했다. 아차하면 사고가 날 그 순간, 삶에 대한 강한 애착이 일어나는 것을 느꼈다.

경제적으로 힘들어졌을 때 세상을 다 잃은 것 같았는데 그건 생명을 잃는 것에 비하면 아무것도 아니라는 생각이 들었다. 내 몸을 잘 지키는 것이 그만큼 중요하다는 것을 깨닫는 순간이었다.

저녁을 먹으려고 식당에 찾아갔더니 매운탕이 만원이라는데 양이 너무 많아 먹고 싶지 않아 빵과 사이다로 대신했다. 이렇게 먹으면 안 되는데…….

자전거 깜박이 등이 흐려져서 건전지를 사가지고 들어오니 아주머니께서 벌써 빨래를 다 해 놓으셨다. 얼른 빨래를 널고 하루를 마쳤다.

● 2008년 11월 28일 (영덕 강구–삼척: 148km)

내 삶의 고통은 쓰라림일 뿐!

삶이 이처럼 가지런할 수 있다면

주인아주머니가 내가 쉬고 있는 방이 해돋이를 제일 잘 볼 수 있는 곳이라고 말한 까닭에 어린애들처럼 마음이 설레었던지 새벽에 일찍 잠에서 깨었다. 해를 보기에는 너무 이른 시간이고 몸은 피곤한데도 이상하게 다시 잠이 안 와서 유리창을 통해 바다를 보니 멀리 오징어잡이 배들의 불빛만 보이고 바다는 어두웠다.

뜨거운 물을 받아 샤워를 하고 나니 6시였다. 항구에는 오징어 배들이 벌써 들어오고 있었다. 배들이 들어오는 수면으로 안개가 뽀얗게 피어올라 한 폭의 그림 같았지만 일출 사진을 찍는 것은 어려울 것 같았다. 잠도 안 오고 사진을 찍을 수도 없는데 더 이상 방에서 머뭇거리기도 싫어 출발을 서둘렀다. 또 이곳은 아침을 먹을 만한 곳이 만만하지 않아 길을 가다가 식당을 발견하면 먹는 것이 좋을 것 같았다.

아직 날이 완전히 밝지 않은 6시 30분인데 바깥날은 생각보다 춥지 않아 자전거를 타기에 좋았다. 그런데 1km 정도 달렸을 때 안경을 숙소에 놓고 왔다는 것을 알아 다시 돌아가야 했다.

강구에서 묵은 숙소

신돌석 장군 흉상

자꾸만 정신을 놓고 있다. 정신 차리려고 떠난 여행인데 말이다.

돌아가서 안경을 찾고 20km 정도를 달렸더니 신돌석 장군 유적지를 만났다. 한참 달리던 중이라 탄력을 받고 있어서 멈추기도 싫고, 신돌석이란 장군을 들어 본 기억이 없어 그냥 지나쳤다. 그런데 50m 정도를 더 나갔는데 무엇인가가 뒤끝을 잡아당기는 것 같고 찜찜했다. 그래서 자전거를 돌렸다. 관리사무소에 자전거와 배낭을 맡긴 후 들어가 참배부터 했다.

주인공은 의병장으로 젊은 나이에 나라를 위해 목숨을 바친 장군이었다. 신념이 뚜렷한 사람들은 용감하다. 그러나 너무 젊은 나이라 안타까웠다. 더구나 돈에 팔린 고종 사촌에 의해 무참히 죽었다는 것이 더욱 가슴을 아프게 했다. 도대체 돈이 무엇이길래…….

관리사무소에서 두 사람을 만났는데 아주머니로 보이는 여자 분은 어찌나 싹싹하고 친절한지 모르겠는데, 남자는 무뚝뚝하고 생뚱맞다는 표정이어서 사람을 불편하게 했다. 비록 내 차림이 장군을 참배하기에 어울리지 않는다하더라도, 내가 자전거 여행 중이라 어쩔 수 없는데 그런 표정과 태도로 관람객을 맞는다는 것은 잘못된 것이라 여겨졌다. 사무실에서 방명록에 서명을 하고 나서는데 기분이 좋지 않았다.

다시 출발하려는데 이때부터 비가 내리기 시작했다. 야트막한 오르막을 오르니까 식당이 보였다. 갈치조림으로 아침을 먹었다. 밥을 먹은 후에는 비가 길을 나서기 망설이게 했다. 안 오는 것도 아니고 그렇다고 쉴 정도도 아니어 커피까지 마시며 머뭇거렸다. 커피를 마시다보니 조금 빗발이 줄어들고 있는 것 같아 배낭에 커버를 씌우고 출발했다. 한참 가다보니 3km 정도의 오르막을 만났다.

그런데 이 길이 또 공사 중인 것이다. 어제 한나절 가까이를 공사장을 헤집고 다닌 꼴이라 너무 피곤했는데 오늘 또 길이 파헤쳐진 곳을 만나니 지레 겁부터 났다. 오르막이 끝나는 길옆에 병곡휴게소가 보여 또 들어가 커피를 마시며 잠시 쉬었다. 다음에 들어간 휴게소는 구산휴게소였다. 이곳에서는 따뜻한 우동을 먹었다. 이곳에서부터는 내리막길이 이어지는데 갓길도 없고 여전히 공사 중이었다. 그런데 비에 젖은 상태로 자전거를 타니까 엉덩이가 벗겨져 상처나기 시작하는가 보았다. 쓰리고 따갑고 아프기 시작했다. 길은 곳곳이 공사 중이어서 우회도로를 가야했다. 망양휴게소를 지나고 내리막길이 끝나면서는 길이 다시 좋아졌다. 빗물이 고글에 부딪쳐 흘러내려 불편했다.

죽변항에 도착하기 4km 전부터는 또 오르막이었다. 그 오르막에 올라서 자동차 전용도로를 만났다. 지난번 마산에서 창원을 지나 진주로 오던 길에 멋모르고 전용도로를 탔다가 호되게 놀랐던 적이 있었지만, 오늘은 도처에서 공사 중인 길을 만나니까 아무래도 전용도로를 달리면 국도를 가는 것보다 길이 짧을 것 같은 생각이 들어 그 길을 달렸다. 다행히 차가 많지 않고 특히 대형차들이 거의 없었다. 물고기를 싣고 가는 차와 1톤 트럭, 승용차들을 만났다. 전용도로에 들어서자마자 길이가

이곳에서 본 것은 오직 해변 모래밭의 갈매기 뿐이었다

355m인 태봉터널을 만나고 이어서 375m인 고도터널을 만났다. 그동안 터널에서 너무 많이 놀란 탓인지 터널로 들어서기만 하면 내 다리는 저절로 긴장을 하게 되고 전력을 다해 페달을 밟게 된다.

워낙 밟아대기도 했지만 터널 길이가 짧아서 금방 빠져나왔다. 한참 달리다가 짧은 원천터널을 만났다. 터널을 지나자 길은 내리막으로 이어졌고 원천다리를 지나면서 길은 다시 좁아졌다. 자동차전용도로를 벗어난 모양이었다. 여기도 공사 중이었다.

길옆에서 삼척시라는 조그마한 팻말이 스치듯 지나갔다. 여기가 삼척시라는 것인지 아니면 삼척까지 남은 거리를 알려주는 것인지 제대로 알 수 없는 채로 여전히 길을 달렸다. 나중에 알고 보니 그곳은 삼척시 원덕읍이었다. 길은 작진항이 보이는 곳에서부터 서서히 오르기 시작하더니 조금 지나니까 4~5km를 줄곧 오르는 언덕을 만났다. 길이 좁고 급커브길이 많아서 다른 생각에 빠져 이 길을 달리다가는 위험한 상황이 벌어질 것 같았다. 정신 똑바로 차리고 페달을 밟았다.

임원리 마을에 있는 슈퍼에 들러 주머니사정에 맞게 먹을 만한 것을 최대한 챙겼다. 오늘 여기까지 115km 정도를 달렸는데 비가 오는 날씨 탓에 식사를 제대로 못했기 때문에 힘들고 배가 고팠다. 그런데 어제 농협에서 돈을 찾았어야 했는데 안 찾았더니 지갑에는 현금이 달랑달랑했다. 겨우 우유 두 개, 빵 한 개. 그리고 땅콩이 들어간 초콜릿 두 개를 사서 허겁지겁 먹었다. 어려워서 앉고 싶었지만 비에 젖은 옷과 엉덩이 벗겨진 곳이 너무 아파 앉아서 먹을 수도 없었다. 그리고 의자에 앉으면 너무 아플 것 같아 가만히 서서 먹는데도 고통스러웠다. 에너지를 보충해 기운을 차린 후 다시 길을 나서기 위해 자전거 의자에 앉은 순간 벗겨진 곳의 쓰라림이 얼마나 심한지

"억!"

하는 소리가 저절로 나올 지경이어서 페달을 밟기가 두려웠다. 그런데

하필이면 길은 5km 정도의 오르막으로 이어져 사람을 기절시켰다. 너무 고통스럽고 힘이 들어 모든 것을 그만두고 싶었다. 어쩌다가 이 길을 나섰는가 하는 후회도 생겼다.

오르막 끝에서 신남항까지는 다시 내리막길, 그리고 또 오르막이었다. 길은 오직 오르막과 내리막밖에 모르는 모양이었다. 그런 길이 용화해수욕장까지 이어졌다. 근덕면 초곡리 황영조 기념관을 알리는 팻말이 보이는 곳까지 꼬불꼬불 오르막을 오르더니 기념관에서부터 원평 해수욕장까지는 다시 내리막으로 이어졌다. 오늘 처음 '룰루랄라' 하는 마음으로 길을 달렸다. 나는 이런 길만 달리고 싶었다. 오늘은 비가 오는 날씨로 인해 다른 날보다 훨씬 더 힘이 들고 고통스러웠다. 다른 날은 중간 중간 쉬면서 경치도 구경하며 달렸는데 오늘은 비가 내려 줄곧 달리기만 하니까 더 어려움을 느끼는 것 같았다. 나는 좀 더 쉬운 길을 가고 싶었다. 쉬운 길이 너무나 간절했다. 편하고 쉬운 길이 아주 간절했다.

그러나 길에서 무엇을 바랄 것인가?

길은 말이 없었다. 길은 그저 이어지고 있을 뿐이고 그리고 오르고 내릴 수밖에 없는데 난 힘이 들고 고통스러움에 길을 원망했다. 내 여행이 길을 가는 것이 목적이면서도 내 마음 속에서 길을 원망했다. 그러나 길은 내 기대를 무시한 채 공양왕릉에서부터 다시 3km 정도를 오르막으로 이어졌고 이때부터 빗발도 아주 굵어졌다.

나는 아주 녹초가 되었다. 더 이상 길을 갈 기운이 없었다. 굵어진 빗줄기는 눈을 가렸다. 도저히 더 이상 갈 수가 없었다. 힘이 없었다. 에너지가 완전히 소진되어 그 자리에 그대로 주저앉고만 싶었다.

멀리 항구에 배들이 정박해 있는 것이 보였다. 그런데 자전거 계기판이 140km를 넘었는데도 그곳이 삼척이라는 생각을 전혀 하지 못했다. 기운이 빠진 채로 오다가 돈을 찾으려니 농협은 보이지 않고, 수협이 있어서 그곳으로 들어가 돈을 찾으며 이곳이 어디냐고 물으니 삼척이란다.

삼척이란 말을 듣자 그만 그 자리에 푹 주저앉을 것 같았다. 수협 직원에게 잠을 잘 만한 곳을 물으니 항구 안쪽으로 가야한단다.그런데 여기서부터는 자전거 안장에 도저히 앉을 수가 없었다. 이미 쓸릴 대로 쓸린 엉덩이가 이제는 짓무르는 것 같았다. 부끄러움을 무릎 쓰고 비닐을 바지 안에 댔더니 그나마 좀 나아졌다. 비닐이 대어진 채 어기적어기적 걷자니 꼭 바보가 된 느낌이었다. 수협직원이 알려준 모텔을 찾아갔더니 하룻밤을 자는데 5만원을 내란다. 이번 여행을 하면서 한번도 3만원이 넘는 잠자리에서 잔 적이 없어 그냥 되돌아 나왔다. 한참 성수기도 아니고 주말도 아닌데 너무 비싸다는 생각이 들었기 때문이었다.

지난 내소사 부근 민박에서 잠을 잘 때 아픈 오른쪽 다리 때문에 침대가 없어 너무 불편했던 터라 되도록 민박을 이용하지 않을 생각이었지만 하는 수 없이 삼척에서는 민박집으로 숙소로 정했다. 잠자리는 3층이고 1층에 식당이 있어 저녁 먹을 곳을 찾아다니는 수고를 하지 않아도 되니 그나마 다행이었다.

방에 들어와 우선 엉덩이 상처에 연고부터 발랐다. 생각대로 엉덩이는 완전히 벗겨지다 못해 짓물러 연고를 바르는 손끝이 닿을 때마다 신음을 내뱉어야 했다.

방에 누워 가만히 생각하니 쓸데없는 오기를 부려서 힘들었음을 알았다. 어제 친구와 전화를 하는 중에 이번 여행의 어려움을 투정삼아 말했더니 그 친구가 자신은 걸어서 국토여행을 할 때 하루에 75km를 걷기도 했다고 해서 내가 무색해졌었다. 이번 여행에서 내가 가장 많이 달린 날이 116km이고, 대부분 80~90km 정도를 달렸으면서도 매일 죽겠다고 했는데 그게 왠지 부끄러워 오늘 과욕을 부린 것이었다.

길도 다르고, 여행의 목적도 다르고, 그리고 무엇보다 친구와 내가 다른 사람인데 단지 거리만 비교하면서 부끄러워한 것은 아직도 내가 많이 부족하다는 것을 말해주는 것이었다. 정말로 부끄러워해야 할 것이 무엇인지 알겠다.

하지만 꼭 친구 말 때문에 오기를 부린 것만은 아니었다. 내일 서울에서 친구들이 찾아온다고 했는데 길 중간에서 만날 수는 없다는 생각에 조금 무리를 했던 것이기도 했다. 삼척이나 동해에 내가 먼저 도착해 기다리는 것이 찾아오는 친구들을 맞이하기가 좋을 것 같았다. 웃기는 핑계다. 오늘은 오기를 부린 것이 분명하다. 자전거를 타고 달리는 여행을 어떻게 걸어서 하는 여행과 비교할 수 있을까? 하지만 그 친구는 도보여행 중에 한번도 어렵다거나 힘들다는 말을 하지 않았었다. 그래서 조금은 내가 부끄러웠고 그 부끄러움에 다른 날보다 먼 길을 달린 것이다. 쓸데없는 오기를 부리는 것만큼 어리석은 것이 또 있을까? 나는 여전히 조금도 나아지고 있지 못한가 보다. 나 스스로를 고통으로 담금질하면 지금보다 조금은 나은 나를 만들 수 있을 줄 알았는데 현실은 전혀 앞으로 나아가지 못하고 있나보다.

'아니야. 지금도 나는 발전하고 있는 거야. 다만 좀 더 노력이 필요해.'

숙소로 들어오면서 본 식당의 뼈다귀해장국이 맛있게 보여 저녁을 먹으려고 갔더니 벌써 문을 닫았다. 민박집에 돌아와 뜨끈한 음식을 먹고 싶다고 했더니 매운탕을 끓여 주어 정말 맛있게 먹었다.

얼큰한 국물로 뱃속을 넉넉하게 했더니 행복하다. 그리고 배가 부르니까 하루의 피로가 한순간에 풀리는 것 같았다. 몸은 아직도 마음을 온전히 다 못 다스리고 있지만 그나마 이 정도라도 편해서 다행이다.

● 2008년 11월 29일 (삼척-묵호: 29㎞)

친구! 참 좋은 것이다

⬆ 내 삶에도 이런 햇살이 비추길 소망한다

부산을 출발하여 동해안을 달리고 있으면서도 아직 한번도 제대로 된 일출 사진을 못 찍었다.

어제 민박집주인이 이곳 일출이 좋다고 해서 신경을 쓰면서 잠자리에 들은 탓인지 새벽 4시에 잠에서 깼다. 너무 이른 시간이라 잠자리에서 이런저런 생각을 하다가 그만 깊이 잠들었던 모양이다. 어젯밤 생각은 오늘 새벽 일찍 바닷가에 나가 있다가 일출을 보려고 했는데 밖에서 두런거리는 소리에 잠에서 깨어보니 바닷가로 나가기는 늦었다. 민박집 옥상이 좋겠다는 생각에 급히 올라갔더니 막 해가 오르기 시작하고 있었다. 그래서 해돋이 사진을 찍었다.

민박집은 9시 반은 넘어야 아침을 먹을 수 있다고 해서 어제 찾아갔던 식당에 가서 뼈다귀해장국을 아주 맛있게 먹었다. 출발을 하려고 하니까 또 빗방울이 떨어진다. 조금 전까지는 일출을 볼 수 있을 정도로 햇살이 좋았었는데 빗방울이 떨어지니까 그걸 핑계 삼아 오늘은 길을 나서지 않고 싶었다. 어쩌면 난 여행을 쉴 핑계를 찾고 있었는지도 몰랐다. 먼 거리를 달린 다리도 무거웠고 몸도 피곤이 다 풀리지 않아서 힘든데 어제

이번 여행에서 유일하게 찍은 일출사진

쓸린 곳이 여전히 많이 아리고 아팠기 때문이다.

그러나 떠나야 했다. 오늘 이곳에서 하루를 쉬게 되면 몸은 편해질지 모르지만, 앞으로 갈수록 체력도 떨어질 테고 오르내리막이 더 심해질 것이 분명한 강원도를 달려 집으로 가야하는데 힘들 때마다 주저앉고 싶은 유혹을 받을 것이다.

이번 여행은 스스로를 시험하는 여행이기도 한데, 한번 주저앉으면 이번 여행을 제대로 끝내지 못하고 힘든 어느 곳에선가 포기할지도 모른다. 그래서 마음을 다잡고 안장에 올라 페달을 밟았다.

해안도로를 달렸다. 오늘은 동해까지만 갈 계획이라서 크게 무리하지 않으면서 달리는 즐거움을 만끽하고 싶었다.

7번 국도를 전혀 달리지 않고도 삼척에서 동해로 갈 수 있는 해안도로는 정말 환상적이었다. 길을 달리는데 가슴 밑바닥에서부터 박하사탕을 먹을 때와 같은 '화' 하는 기운이 올라와 온 몸을 휘감았다. 이런 아름다운 길을 달릴 수 있다는 것은 분명 행운이란 생각이 들었다. 내 인생에도 행운이 있다고 생각하자 기운이 솟았다.

해안도로를 오다가 만난 팰리스호텔이 너무 좋아 보여 일부러 찾아가 방값을 물어보았더니, 오늘이 주말이라서 바다가 보이는 방은 이미 예약이 다 되었고 바다가 보이지 않는 방만 남았다는데 9만9천원이나 한단다. 언제 다시 이곳을 찾아올 기회가 된다면 팰리스호텔의 바다가 보이는 방을 예약해야겠다는 생각이 들었다. 그만큼 위치가 좋았다.

호텔에서 돌아 나오는데 자전거를 타는 사람들이 보였다. 주말이라서 자전거 라이딩을 즐기는 사람들이 자주 보였다. 가까이 만나 이야기를 하지는 않았지만 그들과 나는 공감하는 즐거움이 있을 것이다. 우린 서로 손을 흔들며 말없는 격려를 보냈다.

내가 달리는 길은 새천년 해안도로였다. 새천년을 맞아 삼척시 주민들의 소망을 담아 코끼리 상아처럼 쌓은 소망탑에 들렀다. 양손으로 간절한 소망을 감싸고 있는 것 같기도 한데 쌓아진 돌 하나 하나에는 주민들의 이름이 새겨져 있었다.

이곳 삼척시민들의 간절한 소망은 무엇일까? 무엇이 되었든 그들의 소망이 제대로 이루어지길 빌어주었다. 소망탑을 보고 있는데 오른쪽 하늘에 구름이 모이더니 그 구름 사이로 한줄기 햇살이 바다로 쏟아졌다. 태초에 하느님께서 천지창조를 하실 때 바로 저런 모습이 아니었을까 싶었다. 정말 멋있었다. 얼른 카메라를 꺼내어 사진을 찍었다.

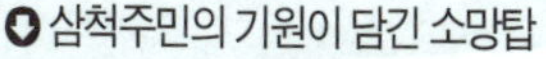
삼척주민의 기원이 담긴 소망탑

내리막으로 이어진 길을 달려 증산해수욕장 입구에 있는 수로부인공원에 도착했다. 공원이라고 하기에는 너무 작았지만 바다의 용에게 납치된 수로부인을 구하기 위해 '해가사' 라는 노래를 불렀다는 전설이 있는 곳이란다. 공원에는 커다란 돌로 만들어진 '사랑의 여의주' 가 있는데 그 돌을 돌려서 수로부인 그림이 자신 앞에 멈추면 사랑이 이루어진단다.

여의주를 돌려볼까? 내게 아직도 이루어지길 바라는 사랑이 있던가?

사랑을 얻을 수 있다는 여의주

촛대바위가 외로워 보인다

그곳에 있는 임해정 기둥에 뚫린 구멍으로 멀리 촛대바위를 볼 수 있다는 것은 돌아와서야 알았다.

그저 보는 것으로 만족하고 다시 길을 떠났다. 길은 증산해수욕장으로 이어졌다. 이곳에서 왼쪽으로 나 있는 길로 들어가 동네를 지나고 산으로 나있는 꼬불꼬불 길을 달렸다. 그런데 지나가는 아저씨 말씀이 그 길은 다른 길로 이어지는 길이 아니라 막다른 길로 옛 신랑 화랑들이 훈련했던 곳에 가게 된단다. 다시 돌아나와 삼거리를 만났다. 그 아랫길부터 동해가 시작되는 곳이었다. 추암 해수욕장에 도착했다. 내 기억에 산악회에서 이곳으로 일출을 보러 두 번씩이나 왔던 것 같은데 너무 낯설었다. 낯설기만 한 것이 아니라 이곳의 어느 풍경도 내 기억 속에는 없었다. 특히 오징어 덕장이 아주 낯설었다. 도대체 내 옛날은 어디로 가버린 것일까?

오징어 덕장을 지나니까 계단을 올라야 하는 곳이 있었다. 탱크를 끌고 올라와 숨겨놓고 이곳에서 보이는 촛대바위 사진을 찍었다. TV에서 애국가가 나올 때 첫째 화면의 절경이 바로 이 촛대바위이다. 언제보아도 절경이었다. 아무래도 이곳이 너무 낯설어 아주머니께 여쭈어 보니 이곳에서 오징어 덕장을 시작한 지 7년이 지났단다.

내가 다녀간 것은 분명 7년이 안된 것 같은데……. 난 내 기억을 온전히 되찾고 싶다. 간절히 아주 간절히…….

추암을 떠나려고 곧바로 직진해서 넓은 길로 들어서 막 오르막을 오르는데 아저씨 한 분이 자전거를 타고 쫓아오더니 자전거로 전국투어를 하느냐며 말을 붙여왔다.

이분은 삼척경찰서 정보과에 근무하시는 홍상기씨였다.

삼척경찰서 홍상기씨 ➔

정(正)에 왜 이렇게 집착할까?

함께 길을 가면서 이곳 저곳 설명을 잘 해 주었다. 삼척항에서 증산해수욕장까지 오는 길이 아름답다고 느꼈더니 우리나라의 아름다운 100대 길 중 한 곳이란다.

아까 내가 달려온 그 길을 누가 어떤 기준으로 아름다움을 정하고 순위를 매겼는지는 모르지만 누구나 공감할 수 있을 정도로 아름다웠다. 다른 계절에 다시 찾아오고 싶은 길이었다.

자전거 대회에도 여러 차례 참가했다는 홍상기씨 이야기를 들으면서 지난 번 조도에서 허기량 소장을 만나 많은 도움을 받은 이야기도 해 주었다. 홍상기씨는 이 길을 자주 달린다고 했다. 여행기를 쓸 계획이라고 했더니 그도 글 쓰는 것을 좋아한단다. 소망탑에서 자신도 그 햇살 사진을 찍었다고 해서 서로 카메라에 있는 사진을 바꿔보았다. 커피도 함께 마시면서 동해 시외버스터미널을 운영하던 사람이 만성적자로 운영권을 시청에 반납해 동해 주민과 동해를 찾는 사람들이 여러 가지로 어려움과 불편을 겪고 있다는 이야기를 하다가 헤어졌다.

여행이 좋은 것은 자유로움이다. 그리고 아름다움을 볼 수 있는 것이기도 하다. 거기다가 더 좋은 것은 여행을 하면서 이처럼 좋은 사람들을

그물을 손질하는 어부들

동해 바다 물고기들

친구들과 만나서 한잔을 하며

만난다는 것이다. 홍상기씨와 헤어지며 가만히 생각해보니 나도 친구들을 동해에서 만나지 말고 묵호에서 만나는 것이 더 좋을 것 같았다. 전력을 다해 페달을 밟아 달렸더니 묵호로 들어가는 입구에서 홍상기씨를 또 만났다. 묵호 시장을 함께 돌아보며 설명을 듣고 다시 헤어졌다. 묵호시장에서 횟감이 싱싱하고 가격이 싼 곳을 알아놓고 숙소에 들어와 쉬다가 친구들을 만났다. 혼자 하는 여행의 외로움이 눈 녹듯 사라졌다. 바쁜 중에도 시간을 쪼개어 이 먼 곳까지 격려를 하려고 와준 친구들에게 어떻게 감사함을 표현할 수 있으랴! 말로 표현을 못하고 내내 가슴에 담아뒀다. 내 부족한 언어로는 그 고마움을 표현할 수 없었기 때문이었다.

친구들과 복어회와 탕으로 점심을 먹고 이야기를 나누면서 오늘 하루를 마쳤다.

● 2008년 11월 30일 (묵호-주문진: 65㎞)

또 다시 혼자가 되다

가끔 이런 비상을 꿈꾼다

친구들과 아침 겸 점심을 함께 먹고 헤어져 다시 나 혼자 길을 갔다. 벌써 11월의 마지막 날이 되었다. 그러고 보니 집을 나선지 거의 한 달 가까이 되었다. 아이들과 집이 걱정도 되고 궁금하기도 한데 난 돌아가지 못하고 있었다.

해안도로를 달렸다. 길이 정말 좋았다. 정동진을 지나올 때 모래시계에 삼성마크만 선명해 사진 찍는 것을 포기했다. 많은 사람들이 왜 그렇게 정동진을 좋아하는지 이해가 안 되었다. 일출을 보는 곳도 이곳보다 훨씬 더 근사한 곳이 많은데 단지 국토의 가장 동쪽이라는 것에 사람들이 그렇게 열광하는 것일까? 그렇다면 정남진인 전남 장흥군 관산읍 신동리에도 그렇게 열광해야 할 텐데 사람들은 정남진이 그 곳인줄 알고나 있을까? 정동진이 드라마 모래시계를

정동진 역

6.25 전쟁은 아직도 우리의 삶을 지배한다

촬영한 곳이라면, 신동마을도 영화 '축제'를 촬영한 곳이니 정동진에 뒤질 이유가 없다. 정동과 정남만 있는 것은 아니다. 정서진도 있을 테고 국토의 정중앙은 또 어떠한가?

나는 우리나라 사람들이 정동진에 열광하는 이유를 잘 모르겠다. 설마 드라마에 나온 연기자들과 자신을 동일시하고픈 그런 마음 때문일까? 그런데 모래시계를 본 적이 없는 신세대들마저 정동진을 좋아하는 것을 보면 드라마의 주인공들 때문만은 아닌 것이 분명 아니다. 정동진에는 무엇인가 내가 느낄 수 없는 매력이 있는 모양이다. 그러나 내게는 여전히 별다른 감흥이 없었다.

삼곡 마을에서부터 7.5km 정도를 꾸준히 오르다가 다시 내려오니 강릉 통일공원에 도착하였다. 함정 전시관을 들러 보고 원두커피를 시켰더니 뜨거운 물에 커피티백 하나를 달랑 넣어 나온다. 메뉴판에는 그럴싸하게 원두커피라고 해놓고 이런 커피를 파는 얄팍한 상술을 지적하고 나오는데 기분이 좋지 않았다.

다시 길을 나섰는데 여간 추운 게 아니었다. 배낭에서 내피를 꺼내 입었다. 산행을 할 때나 지금이나 기후에 맞춰 옷을 입었다 벗었다 하는 일은 사람을 참 귀찮게 한다. 오늘 달리는 이 해안도로는 아름다운 풍경을 볼 수도 있고 오르내리막이 심하지도 않고 공사 중인 곳도 없어 좋은데 바다와 맞닿아 있어서 거센 파도에 바닷물이 도로에까지 올라 온 곳이 많아 그게 불편했다. 오늘처럼 파도가 세지 않다면 아무런 불평을 할 수 없는 아주 좋은 길이

통일공원에서

북한 잠수함 침투 경로 설명

다.

강릉 시내로 들어오기 전 도로 옆에 옷가게가 있어 들어가 만원을 주고 비옷을 한 벌 샀다. 그리고 서점을 찾아가 이외수 선생님의 『하악하악』을 찾았더니 작은 서점이라서 신간은 없단다. 대형서점을 찾았더니 일요일이라 문을 안 열었단다. 『하악하악』은 속초시내 서점에서 사야겠다.

경포대로 방향을 정하고 가는데 솔밭이 참 좋았다. 그런데 전에는 보지 못한 공동묘지가 곳곳에서 보인다.

차를 타고 달릴 때와 자전거를 타고 달릴 때 볼 수 있는 것이 많이 다르다는 것을 다시 느꼈다. 그리고 지난번 월성 원자력 발전소를 지나오면서도 느꼈지만 소나무 향은 참 그윽해서 좋다. 피곤함이 확 풀리는 것도 같고, 머릿속이 한순간에 맑아지는 것도 같았다. 지난번에는 향기 좋은 사람이 내 주위에 많으면 좋겠다는 생각을 했는데 이번에는 나도 누군가에게는 좋은 향기 같은 사람이 되고 싶었다. 어느 것이 더 욕심을 부리는 것인지 알 수 없지만 모두 다 내가 하기 나름이라는 것만은 분명했다.

길이 정말 좋았다. 이런 길만 달린다면 정말 좋을 것 같았다.

하지만 이런 길만 줄곧 달렸다면 정말 이 길을 좋다고 생각할까? 이제까지 1,900km 가까운 길을 자전거로 달렸는데 모두가 지금 이 길 같았다면 나는 지금 어떤 생각을 하고 있을까?

숨이 턱턱 막히고 목에서 단내가 날 정도로 힘든 언덕도 오르고, 위험한 차들 사이에서 목숨을 유지하기 위해 온 신경을 곤두세우기도 하고, 그리고 아무 것도

북한 무장 잠수함

동명사 5층 석탑

느낄 수 없는 지루한 길 끝에 지금 이곳을 달리니까 좋은 것을 아는 것이다.

인생도 마찬가지일 것이다. 매일 매일 편하기만 하다면 고통을 겪지 않아 좋기는 하겠지만, 많은 난관을 이겨내고 얻는 작은 행복의 소중함을 절실하게 느끼지는 못하리라. 나는 지금 그 작은 행복이 절실하다. 그래서 우선 나를 이겨야하고 그리고 내게 주어진 여러 가지 난관을 뛰어넘어야 한다. 그리고 그 끝에 웃고 서 있는 나를 보고 싶다.

차가운 바람이 부는데도 경포대에는 사람들이 많았다. 일요일이라서 자전거를 타는 그룹들도 많았다.

주문진을 2km 정도 남겨 놓고 배가 고파서 슈퍼를 찾아가다가 삼계탕을 하는 식당이 보여 얼른 가보았더니 식당이 문을 닫았다. 오늘만 장사를 안 하는 것이 아니라 완전히 폐업을 한 것이다. 이곳도 역시 어려운 경제 상황을 피하기는 어려운 모양이다. 바로 옆에 '고모네 식당' 이라는 작은 식당이 있어서 들어가 김치찌개를 시켰더니 뚱뚱한 주인아주머니께서 밥도 새로 해주고 찌개도 맛있게 해주어 정말 잘 먹었다. 배도 고팠지만 밥이 맛있어서 두 공기가 먹었다. 시간도 오후 4시 40분을 넘어서서 배가 고플 만했다. 식당에서 나오니 날이 벌써 어두워지려고 했다. 주문지 초입에 있는 '위너스모텔' 에 숙소를 정하고 들어와 뜨거운 물을 받아 우선 몸을 푹 담갔다. 그런데 쓸린 상처에 뜨거운 물이 닿는 것은 좋지 않은가 보다. 다시 더 아픈 것 같았다.

한참을 쉬고 있는데 오늘 두 끼밖에 먹지 못해서인지 또 배가 고팠다. 내일 식당도 알아볼 겸 나갔더니 하나로 슈퍼가 보여 빵을 사다 또 먹었다. 암만해도 어제 술을 먹은 것이 엉덩이 쓸린 곳을 덧나게 하는가 보다. 아니면 조금 전에 뜨거운 물에 들어간 것이 더 나쁘게 한 것인지도 모르겠다. 어쩐지 통증이 더 심해지는 것 같다. 어젯밤에는 술 취한 중에도 약을 바르고 잤는데…….

오늘 오다가 절에 들러 약수를 떴는데 절 이름이 생각이 나지 않는다. 내가 본 것은 약사전뿐이었으니…….

나중에 알아보니 등명사란 절이었다.

하루가 또 지나갔다. 경제적 어려움이 시시각각으로 나를 죄어 큰 멍울로 들어앉은 가슴은 아무리 달려도 풀리지 않는다. 서울을 떠나올 땐 그래도 부동산에서 좋은 소식이 들려올 것이란 희망이 있었는데 한 달이 다 되도록 부동산에서는 별다른 소식이 없다.

한달이라는 시간이 흐른 지금 가슴은 더 답답하고 갑갑하다.

앞으로 어쩌면 좋을 것인가?

⬇ 동명사지 약사전

생각이 많을 것도 같은데 나는 지금 아무런 생각이 없다. 아니 생각을 할 수가 없다. 무슨 생각을 할 수 있단 말인가?

그래서 기가 막힌다. 서울로 가야하는 날이 가까워지니까 더욱 힘이 든다. 아무 것도 할 수 있는 것이 없다는 무기력함에서 탈출하고 싶었던 것은 그 무기력함을 견디지 못하고 자학하는 나를 보게 될까 싶은 두려움도 있었기 때문이었다. 하지만 그 이면에는 시간을 기다릴 수 없는 초조함도 있었다. 그런데 이제 서울로 돌아가야 하는 때가 시시각각 다가오니까 결국 또 아무것도 한 것 없이 한 달만 지나갔음을 알겠고, 난 여전히 무기력함에서 벗어나지도 못했다는 것을 알았다.

무엇인가 아주 단호한 결단을 할 때라는 것을 알겠는데 그게 무엇인지는 생각할 수 없었다.

주문진 밤은 그렇게 깊어가고 있었다.

⬆ 주문진 앞 바다

● 2008년 12월 1일 (주문진-간성: 103km)

길에서 내게 묻다

⬆ 등대가 보이는 풍경

오늘도 5시도 못되어 눈이 떠졌다. 요즘 며칠 새벽에 깊은 잠을 이루지 못하고 있다. 어쩌면 깊은 잠을 자는 것이 더 이상한 것일지도 모르겠다. 새벽에 일찍 깨어서 이런저런 생각을 하다보면 늦잠을 자게 되어 다시 잠들지 않으려고 했는데 몸이 피곤하니 잠깐 또 잠들었나보다.

6시쯤 창문을 열고 밖을 보니 안개가 자욱해서 앞이 보이지 않는다. 땅바닥이 젖은 것을 보니 이른 새벽에 비가 조금 내렸던가 보다. 그래서 조금 늦게 출발해야겠다고 생각을 했다. 8시가 넘으니 안개가 완전히 벗어져 날이 갰다. 오늘도 자전거를 타기에 좋은 날이 될 것 같았다.

내게 쓴 소리를 잘 하는 친구와 통화를 했다. 어쩌면 난 이 친구의 전화를 여행 내내 기다리고 있었는지도 모른다. 들을 때는 가슴 속에서 울컥하면서 치받는 적도 많지만, 이 친구만큼 나를 바로 알고 정확히 보는 사람도 없기 때문에 어린아이처럼 실컷 꾸중을 듣고 싶었는지도 모른다.

내 삶의 모습을 되돌아보면서 삶을 대하는 자세를 바꾸어야겠다고 다짐하고 노력했던 것도 이 친구를 알았기 때문이었다. 그러나 친구의 말

내 마음과 같은 글을 만나다

은 언제나 옳고 진실을 벗어나는 적이 없었기에 어쩌면 겁이 나서 연락도 하지 않고 떠나왔는지도 모른다. 친구는 나를 도망자라고 하고 싶은 모양이었다. 아버지로서, 가장으로서 책임지는 행동을 하지 못하고 늘 회피만 하는 비겁한 사람이라고도 하고 싶은가 보았다.

나같이 무책임한 아버지를 둔 아이들과 그런 남편을 둔 아내를 안쓰러워했다. 하나도 틀린 말이 아닌데 아픈 상처를 건드리니까 또 울컥했다.

나도 직접 맞서서 해결하고 싶었다. 그러나 기다리는 것 말고는 아무것도 할 수 없었다. 너무도 모르는 상태에서 일을 한 것이 문제의 시작이었고, 그 무지함을 자책하면서 시간이 가기를 기다리다가는 흐트러진 모습을 가족에게 보이게 될까 두려웠다. 아무것도 할 수 없는 서울을 잠시 벗어나 나를 돌아보는 것이 차라리 나을 것 같았다.

그리고 두려움을 이기지 못하고 떠나왔으니 난 비겁한 사람이 맞다. 그러나 비겁하기 전에 난 무지했다. 그 무지함이 여실히 들어난 현실 앞에서 흐트러지지 않고 나를 바로 세우기 위해 지금 내가 어떤 고통과 어려움을 겪고 있는지 친구는 알까?

친구의 진심을 안다. 내 일을 나보다 더 속상해하고 누구보다 나를 걱정하는 진심을 알기에 마음이 좋지 않았다. 게다가 친구는 동네 앞산을 오르다가 넘어져 팔이 부러졌단다. 마음이 짠한데 바라보며 위로도 못해주는 내 처지가 더욱 속상했다.

아무 대꾸도 못하고 있는데 가족에게 변하는 모습을 보여주어야 하는 것 아니냐면서 전화를 끊었다. 몸부림치며 노력하고 있다고 말하고 싶었지만 참았

하조대

의상대

다. 지금 친구는 그런 말보다는 변한 내 모습을 더 보고 싶어 하고 내가 변하기를 나보다 더 간절하게 바란다는 것을 알기 때문이었다. 친구 전화 끝에 걸려온 아내 전화에 마음은 더 상했다. 울적한 마음으로 식당을 찾아가 백반을 시켜 먹는데 입맛이 썼다.

길은 여전히 나쁘지 않았다.

남애항을 지나고 동산해수욕장에 도착하니 해안도로가 끝이 났다. 7번 국도를 달려 조선의 개국공신 하륜과 조준이 말년을 이곳에서 보내어 이름이 지어졌다는 하조대에 도착했다. 우선 맞은편에 있는 등대에 들러 사진을 찍고 바다를 보았다. 파도 너울이 넘실대는 끝이 없는 푸른 바다를 보니 우울했던 마음이 조금은 나아지는 것 같았다.

하조대 사진을 찍고 올라가려고 자전거를 기둥에 묶는데 아저씨 한 분이 다가오더니 자전거로 전국투어를 하는 중이냐면서 대단하단다.

자전거를 좋아해서 동호회활동도 하는데 자신은 자전거를 타는 여행은 2박 3일 정도밖에 못해보았다며, 무거운 짐을 지고 이렇게 오랫동안 어떻게 여행을 하느냐면서 부러워했다.

동호회 카페에 내 사진을 올리고 싶다고하여 모델이 되어 준 후 하조대에 오르니 중년으로 보이는 남녀가 맞은편 등대에 있는 동료들에게 괴성을 질러대서 참을 수가 없었다.

아무리 밖이라고는 하지만 여러 사람들이 찾아오는 공공의 장소에서 다른 사람들 생각을 하지 않는 그런 행동이 못마땅해 곱지 않은 시선으로 바라보며 말을 걸었더니 뜨끔한 모양인지 금방 멈췄다. 어디선가 우리 민족에게

청간청

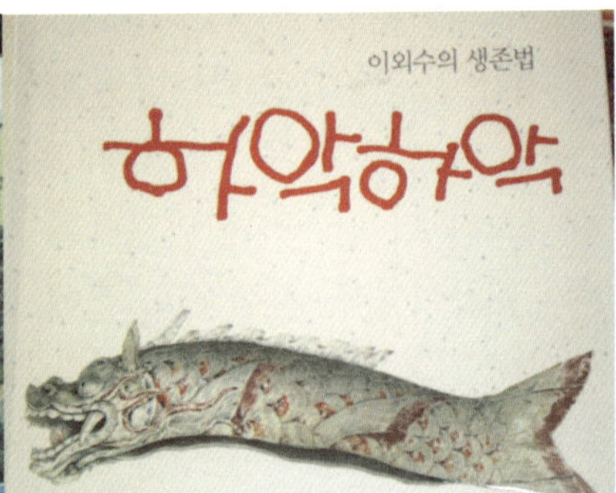

낙산사는 언제쯤 복원될까?

이외수 선생님의 책 『하악하악』

가장 필요한 것이 타인을 배려하는 문화라는 말을 들은 적이 있다. 우리 민족은 때로는 지나치게 '우리' 라는 것을 강조하면서도 우리 속에 있는 '너' 를 배려하기보다 '나 '만 앞세운다는 생각이 들었다.

하조대에서 해안도로를 따라 양양을 향해 출발했다. 상양혈리를 지나면서부터 양양공항을 알리는 푯말이 나오는 1km는 오르막이었다. 그 길에서 낙산사를 만났다. 붉은 불길에 힘없이 무너져 내리던 낙산사 화재 장면을 TV로 보면서 가슴이 많이 아팠는데 내년 초면 완전히 복원된다는 이야기를 들으니 다행이라 여겨졌다. 이곳에서는 매일 오전 11시 반부터 오후 1시 반까지 국수를 먹을 수 있다는데 하필 오늘만 안한단다. 절에서 하는 음식을 먹을 수 있는 기회였는데 아쉽다. 물도 뜨고 사진도 찍으며 그곳에서 일하시는 분과 커피를 마시며 이야기를 나누었다.

대포항을 지나고 이외수 선생님의 『하악하악』을 사려고 속초시내로 들어갔다. 시내에서 만난 아가씨에게 서점을 물었더니 조금만 가면 된단다. 그런데 '조금' 이라는 거리 표현은 객관적인 거리 표현이 아니어서 말하는 이와 듣는 이 사이에 상당한 거리 차이가 날 수 있다는 것을 알았다. 아가씨가 알려준 대로 길을 가다보니 청초호에 놓인 다리까지 올랐다. 아무래도 길을 잘못 들어선 것 같아 다시 길을 물으니 역시 아니란다. 다리를 건넌 후 우회전을 하고 '아바이 마을' 을 지난 후 E마트에서 돌아오다 보니 공원을 지나고 속초시내가 나왔다. 문우당서림에 들어가서 원하던 이외수 선생님의 책을 샀다. 책을 사고 나오는데 갑자기 자장면이 먹고 싶어서 묻고 물어 찾은 중국집은 아주 작았다. 손으로 면을 쳐서 뽑아내는 수타면을 기대한 것은 아니지만 기계로 뽑아낸 면발은 퍼질대로 퍼져 탄력이라고는 하나도 없었다. 가끔씩 내가 너무 터무니없는 것을 기대하는 사람은 아닌가 하는 생각이 들었다.

간성으로 나가는 길목에 있는 영남호를 찾아갔다. 달포 전 모임에서 이곳 강릉에 왔을 때 호수 주변 콘도에 머물렀는데 참 좋았던 기억이 나고, 그 때 호수 둘레에 대해 구구했었는데 나중에 내가 자전거로 돌아보고 알려주겠다고 약속했기 때문이었다. 범바위 사진도 찍으면서 돌아보니 이곳도 가뭄에 물이 많이 줄어있었다. 어디를 가나 공통적으로 느껴지는 것이 어려운 경제상황과 가뭄이었다. 호수 둘레는 정확히 7.2km였다.

호수에서 나와 다시 길을 가다가 청간정에 들렀다. 관동8경의 하나라는데 이곳에서 바라보는 동해안의 풍경이 정말 아름다웠다. 일출과 일몰때의 풍경이 더 멋지다는데 그 때 찾아올 수 없어 아쉽다. 정자의 추녀아래 걸려있는 현판 글씨는 이승만 대통령이 쓴 것이란다. 사람은 가고 없어도 그 사람이 남긴 자취는 세세손손 이어지고 있었다. 그래서 사람은 아름답게 살아야 할 것이다. 나 또한 아름답게 살아야함은 당연하다. 이름을 남길만큼 훌륭한 삶을 살지는 못하더라도 내 아이들에게 원망을 남기지는 말아야 할텐 데…….

'그렇게 무책임한 아버지가 어디 있

영남호에서 보는 풍경 ➔

고성 왕곡마을

느냐?' 고 질책하던 친구의 말이 다시 가슴을 아프게 했다.

간성을 8km 정도 남은 곳에서 고성왕곡마을로 들어가는 이정표를 발견했다. 7번 국도에서 1.4km 들어가 있는 마을인데 국가지정 민속마을이었다. 그런데 이 마을로 가려면 1km의 오르막을 올라야했다. 하루 종일 돌아다닌 후라 힘이 빠져서 오르기 버거웠다.

마을에 들어서자 할머니들이 짚단을 추리고 있었다. 사진을 찍어도 되는지 물었더니 못 찍게 하면서 마을로 더 들어가서 찍으란다. 잦은 촬영 때문에 카메라에 대한 거부감이 심한 편이었다. 국수집을 발견해서 낙산사에서 못 먹은 국수를 먹으려고 했더니 오늘도 TV촬영이 있는데 국수집을 운영하는 사람도 촬영 중이라 먹을 수가 없단다. 할머니들이 손사래를 치며 사진을 못 찍게 하던 것이 조금은 이해되었다.

마음 같아서는 간성을 지나 더 가고 싶었지만, 장갑도 사야하고 잠 잘 만한 곳에 대해 자신할 수가 없어 간성에서 멈추었다. 숙소를 민박으로 정하고 나와서 장갑을 살 가게를 찾아갔다. 진부령을 넘어서면 이곳보다 기온이 많이 내려갈 것이 분명해 지금 끼고 있는 것으로는 도저히 안 될 것 같아 만 원짜리 한 켤레를 샀다.

저녁은 민박집 바로 옆에 있는 식당에서 김치찌개를 시켜 먹었다. 아

처마 끝이 단정한 왕곡마을 주택들

무래도 오늘은 먹을 복이 없는가 보다. 미리 끓여 놓았던지 이집 김치찌개도 푹 퍼져있어 맛이 없었다. 그런데 식당 할머니께서 손자를 어찌나 귀여워하시는지 그 모습을 보자니 부모님 생각이 나서 가슴이 먹먹해지면서 눈에 눈물이 돌았다. 부모님은 우리 연호를 끔찍이도 사랑하셨다. 그 때도 내가 경제적으로 어려워 어린 연호를 시골 부모님께서 돌봐주셨는데, 아이가 우유를 좋아하는 것은 알고 늘 냉장고에 생우유를 준비해 놓으셨었다. 우리 부모님이 살아계셨더라면 지극한 그 사랑을 받으면서 아직도 어리광을 부릴 나이에 어린 것이 벌써 애어른처럼 철든 행동을 할 때면 정말 가슴이 아팠다. 할머니가 손자를 어르는 행동을 보자니 돌아가신 부모님이 너무도 그리웠다.

이른 저녁부터 잠이 오지 않아서 『하악하악』을 읽었다. 이외수 선생님은 어쩌면 그렇게도 짧은 글에 웃음과 철학을 담을 수 있는지 참 존경스러웠다. 나같이 책을 잘 읽지 않는 사람이 읽기에도 지루하지 않은 『하악하악』을 읽으며 웃음 속에서 깊은 자기반성을 했다.

● 2008년 12월 20일 (간성-통일전망대-간성-원통: 92.6km)

통일보다 더 간절한 그 무엇!

통일전망대에서

오늘은 통일전망대에 갔다 와서 간성에서 머물 계획이므로 달릴 거리가 60km 정도밖에 안 될 것 같아 마음이 느긋했다.

아침을 먹으려고 들어간 식당에서 순대국밥을 시켰는데 팔팔 끓이지도 않은 멀건 국물에 순대만 넣어 슬쩍 끓여 내온 음식이라 맛이 없었다. 이렇게 맛없는 음식을 대하면 자꾸 인심 좋고 ,음식 맛 좋았던 전라도가 그립다. 넉넉하고 푸근했던 사람들이 사는 땅이 바로 전라도였다. 식당에서 길을 물었더니 자전거로 들어갔다 올 수 있을 거라고 했다.

배낭에 중요한 몇 가지 물건만 넣고 다른 짐은 방에 보관하고 출발했다. 몇 개의 작은 오르막을 만나지만 길은 험하지 않았다. 하지만 통일전망대에 거의 도착할 때까지 4차선 확장공사 중이었다.

통일을 위한 준비를 하고 있는 것이라는 생각이 들어서 그런지, 비교적 먼저 만들어진 도로가 넓은 편이어서 그런지 공사 때문에 다니는 대형 덤프트럭을 만나도 긴장하지 않게 되었다.

모든 것이 마음먹기 나름이라는 말대로 통일을 위한 준비를 하는 것이

니 내가 참아야 한다는 생각을 하니까, 같은 공사 중인 길을 가면서도 불편함을 덜 느끼게 되는 것 같았다.

김일성 별장과 이승만 별장을 만났으나 전에 관람을 했던 곳이고, 오늘 목적지가 통일전망대라서 그냥 지나쳤다. 관리사무소에 도착하여 간단한 서류를 작성하였다. 그런데 이곳에서부터는 민간인 통제구역이라서 정해진 시간 간격으로 차량만 들어갈 수 있었다. 기억이 또 말썽을 부려 이런 통제가 있었다는 것을 까맣게 잊은 것이다. 전에 통일전망대 관광을 다녀온 적이 있어 자전거로 끝까지 들어갈 수 있다고 생각했던 것이다.

택시를 이용하려면 4만원이나 내야한단다. 거리도 얼마 되지 않는데 선뜻 내기에는 너무 많은 돈이었다. 자전거를 나무에 묶어 놓고 난감해 앉아 있는데, 사무실에 근무하는 여직원이 일본사람 둘이 들어갈 시간을 기다리고 있는데 택시를 합석해서 갈 수 있도록 알아봐 주겠다고 하여 여간 고맙지 않았다. 여직원이 사무실로 들어간 사이 사람들과 통화를 했다.

그런데 마침 그곳을 지나던 재향군인회 상임이사 김희천씨가 내 통화 내용을 들었나 보다. 자신의 차를 가지고 오더니 데려다 주겠다면서 차를 타란다.

세상에 이렇게 고마울 수가!

여름철에는 셔틀버스가 운행이 되는데 겨울철에는 찾아오는 사람이 많지 않아 적자라서 운영을 안 한단다. 자가용을 가지고 오는 사람들이 서로 도우며 태워주면 좋을 텐데, 야박하게 변한 인심은 그런 호의를 베풀지 않아 나처럼 찾아온 사람들은 많은 돈을 내고 택시를 이용할 수밖에 없단다.

김희천씨는 들어가면서 자세히 설명까지 해주어 정말 고마웠다. 길 왼쪽으로는 DMZ 박물관이 거의 완공되는 중이었고, 오른쪽 논에는 정부에서 대규모 아파트를 지을 계획이라는데 상수도 공사는 완공되었단다. 김희천씨는 이 공사장을 총괄하는 사람이었다. 군시절 이 근처에서 22사단 최전방 수색대를 본 것 같은 기억이 설핏 났지만 정확하지 않아서 묻지 않았다. 통일전망대에 올라 둘러도 보고 사진도 찍은 후 다시 차를 타고 돌아오다가 6 · 25전쟁 체험전시관에도 들렀다. 너무 고마워 차라도 대접을 하려고 했더니 극구 사양했다.

이야기를 하다 보니 고향이 춘천이라 앞으로 내가 가야할 길에 대해 아주 잘 알고 있었다. 역시 진부령을 넘을 때가 힘들 것이란다. 오늘 어쩌면 원통까지도 갈 수 있을 거라면서 그렇지만 진부령 고개의 마지막에서는 걸어 올라가란다. 이외수 선생님을 만나 뵙고 싶어서 감성마을도 갈 계획이라고 했더니 이외수 선생님이 본래는 춘천에 살다가 화천 다목 산골마을로 이사했다는 이야기도 해줬다. 31번 국도가 너무 안 좋으니까 웬만하면 버스로 가라고 당부까지 했다.

서로의 명함을 받고 헤어지는데 길에서 사람을 만나는 것이 여행의 가장 큰

저 너머는 갈 수 없는 땅이다

갈 수 없는 우리 땅이 아름답기만 하다

즐거움이라는 것을 새삼 느꼈다. 지나가는 그곳에 사는 사람들을 만나 이렇게 이야기를 주고받는 기회가 없이 풍경만 보고 달렸다면 얼마나 삭막한 여행이었을까?

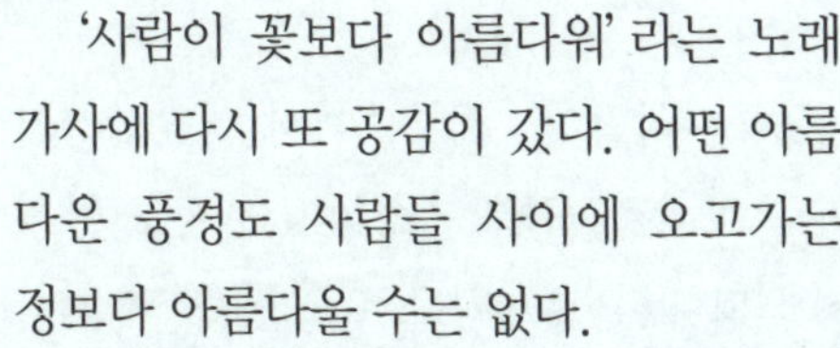

'사람이 꽃보다 아름다워' 라는 노래 가사에 다시 또 공감이 갔다. 어떤 아름다운 풍경도 사람들 사이에 오고가는 정보다 아름다울 수는 없다.

김희천씨와 헤어진 후 전력을 다해 페달을 밟았다. 오늘 하루 간성에서 더 머물려던 계획이 바뀌었기 때문이었다. 인제 원통까지 갈 계획을 세우고 나니 마음이 급해졌다.

전쟁의 흔적들

그런데 어제 이 민박집을 계약할 때 하루 방값이 2만 5천원이라고 해서 이틀 방 값을 계산했더니 남은 하루치를 선뜻 돌려주려고 하지 않았다. 11시 정도 밖에 안 되었는데도 수리를 할 생각이었는데 방이 잠가져서 수리를 할 수 없었다는 등, 아이들이 돈을 다 가져가서 돌려줄 돈이 없다 등, 말도 안 되는 핑계를 대면서 하루치 방값을 안주려고 했다. 이틀 방값을 먼저 지불한 내 실수도 있으니 웬만하면 그냥 나올 수도 있었는데, 주인여자가 너무 뻔들뻔들하는 태도가 괘씸해 기어이 2만원을 받았다. 갈 길이 바쁘지만 않았어도 5천원까지 마저 받았을 텐데 진부령을 넘어야 한다는 것이 부담이 되어 포기했다. 어제 숙소를 정할 때 모텔들이 주로 도로 옆에 있어서 시끄러울 것 같았다. 나는 조금 조용하게 있고 싶었다. 그래서 길에서 조금 들어간 시장 옆 골목에 있는 수성장여관으로 정했더니 이불도 냄새가 심하고 따끔거리기까지 해 기분이 나빴었다. 하룻밤 지내보고 또 머물만한 곳이 되면 그 때 돈을 지불해도 될 것을 급한 내 성격 탓에 일이 이렇게 됐으니 누구를 탓할까? 그러나 수성장여관 주인여자는 자신의 그런 얄팍한 태도가 여행하는 사람들이 기분을 얼마나 상하게 하는지 알고 고쳤으면 좋겠다.

길은 처음부터 지긋한 오르막이었다. 식당이 자주 보여서 어디서든지 먹을 수 있을 것 같아 물만 마시며 오르다가, 진부령을 16km 정도 남겨놓고 오른쪽에 있는 '초가집' 이란 식당에서 추어탕으로 점심을 먹었다. 단체손님이 있어서 군 장교랑 그 친구, 냉동차 기사와 합석을 하게 되었다. 지도를 펴놓고 길을 물었더니 역시 진부령을 넘는 것이 제일 힘들 거란다. 장교가 이 지역을 아주 잘 알고 있어서 자세히 알려 주었다.

식당 음식은 반찬이 아주 잘 나왔다. 엄나무 잎을 깻잎처럼 만든 음식은 생전 처음 먹어보는 것이었다. 그런데 추어탕이 1인분씩 뚝배기에 끓여 나오는 것이 아니고, 냄비에 두 사람이 먹도록 나와 비위가 약한 내가 난감했는데 냉동차 기사가 선뜻 먼저 떠주어 맛있게 먹었다.

차라리 미시령이나 한계령을 넘는 것이 나을 것 같다는 생각을 할 정도로 길은 힘들었다. 한계령은 경사가 급하고 거리가 먼만큼 오르기 전에 미리 단단한 각오를 했을 것이다. 그러나 한계령에 비해 상대적으로 경사도 완만하고 짧은 진부령이라서 마음에서 각오를 덜 했던 모양이다.

자전거를 끌고 걷는다면 패잔병 모습이나 다름없을 것 같아 18km를 줄곧 타고 오르는데 죽을 지경이었다. 배낭 뒤에 거창하게 '자전거 전국투어' 라고 붙이고 다니는데다가 '우리는 할 수 있다.' 란 깃발, 그리고 태극기까지 꽂고 있는 처지에, 자전거를 끌고 걷는 것은 자존심이 용납을 하지 않아 곰처럼 미련하게 페달을 밟아대며 오르는데, 자전거에서 내려

걷고 싶은 곳이 한두 군데가 아니었다.

등에 짊어진 배낭의 무게는 시시각각 더 무거워지고 엉덩이 쓸린 곳은 갈수록 더 아파와 500여 미터 정도를 달리고 쉬는 것을 반복해 백두대간을 표시하는 돌을 지나 정상에 올랐다. 오르막을 오르는 것도 힘들었지만 더 어렵게 하는 것은 계곡을 타고 오르는 바람 때문에 자전거가 앞으로 나가지 않는 것이었다.

백두대간임을 나타내는 빗돌을 사진 찍고 싶었지만 배낭에서 카메라를 꺼내어 찍을 만큼 기운이 남아 있지 않고 귀찮아 포기했다. 너무 힘이 드니까 정말 아무 것도 하고 싶지 않았다. 무엇을 하고 싶은 마음이 있다면 그럴 기운이 있다는 것일 게다. 그러나 난 아무 것도 하고 싶지 않았고 이런 길을 오르겠다고 나선 내 처지가 못내 싫었다.

어젯밤 읽은 '하악하악'에서 실패했다고 두려워하지 말고, 고난과 장애물을 넘었을 때 기다리는 희열을 생각하라던 글이 생각났다. 그래서 나도 이렇게 힘들게 오른 후 만나게 될 내리막을 생각하며 참고 오르는데 그래도 정말 힘들었다.

내리막길은 또 공사 중이었다. 강원도는 어디를 가나 공사 중이었다. 공사 중인 도로에는 여전히 갓길이 없는데다가 위험을 알리는 붉은색 플라스틱 통이 자리를 차지하고 있어 더 위험한데, 그나마 밝은 낮에 길을 가게 되어 차들이 나를 보고 피해서 위험이 적었다.

그런데 백담휴게소 10여 미터 전 커브길에서 갑자기 군용 트레일러가 중앙선을 침범하면서 급하게 돌며 '확' 하고 먼지를 일으켜 시야가 전혀 보이지 않게 되었다. 흙먼지가 입에 들어가는 것을 막으려고 손을 입에 댄 그 순간, 뒤쪽에서 차가 올라오면서 어찌나 크게 경음기를 울려대는지 너무 놀라 휴게소로 급히 피했다. 뿌연 먼지 때문에 나도 올라오는 차를 못 보았고, 기사도 먼지 때문에 갑자기 내가 튀어나온 것처럼 느껴졌던가 보다. 정말 위험한 순간이었다. 등골이 오싹하더니 찬 땀이 확 끼쳤

어느 후대에 가면 6 · 25를 잊을까?

다. 먼지를 일으키고 사라져버린 군부대 트레일러를 못 본 휴게소 아주머니는 바람 때문에 큰일 날 뻔했단다. 놀란 가슴을 진정시키기 위해 휴게소에서 커피를 마시며 쉬었다. 이곳 커피가 얼마나 맛있던지 두고두고 기억날 만한 맛이었다. 아주머니께서 가득 리필을 해 주었는데 그것도 모두 마셨다.

위험한 순간 가장 생각나는 것이 아이들이었다. 큰 아이와 통화를 했다. 아내가 전화로 큰 아이를 결혼시키고 싶다고 했을 때 상대라는 남자의 여러 면면이 하도 기막혀 의논할 가치조차 없다고 생각하고 전화를 끊었는데 큰 아이도 나와 생각이 같았다. 결혼은 서로 사랑하는 사람들끼리 하는 것이다. 결혼에는 두 사람의 마음 즉 사랑 이외에 그 어떤 것도 개입되어서는 안된다. 아내와 갈등을 겪는 근본적인 이유가 종교문제인데, 이제는 딸아이의 결혼조차도 사람보다 종교를 우선하는 것 같아 화가 났다.

내가 얼마나 사랑하는 아이인데…….

사랑을 하는 남자를 만나서 결혼을 하겠다고 저 스스로 말해도 마음속으로 아까울 만큼 사랑하는 아이인데…….

아직 결혼을 생각하기에는 나이도 어리고 해 보고 싶은 일도 많을 텐데 갑자기 결혼 이야기를 하는 제 엄마를 큰 아이는 어떻게 생각할까? 더 자세히 알고 싶었지만 전화로 할 수 있는 문제가 아니라서 아이의 생각만 알아보고 끊었다. 어쩌자고 아내는 점점 더 모든 문제에 종교를 개입시키는 것일까? 평생 종교에 매여 맹목적인 믿음에서 벗어나지 못하는 아내가 안쓰럽기도 했다.

대학생들처럼 보이는 청년 세 명이 내가 내려 온 길로 자전거를 타고 가고 있었다. 내리막으로 가는 나를 부러워하는 눈길이어서 힘내라고 손을 흔들어 주었다.

중간 휴게소에서 배가 고파 감자떡을 샀는데 겉은 뜨거운데 속이 차서 먹을 수가 없었다. 이런 것은 김이 무럭무럭 오르는 솥을 걸고 파는 포장마차에서 사야 제 맛을 느끼며 먹을 수 있는데, 잘 정리된 진열장 같은 곳에서 파는 것은 확실히 맛이 적었다. 다 먹지 못하고 버리고 말았다.

원통리에 도착하니 오후 4시 40분이 되었다. 원통은 아주 큰 마을이었다. 킹스턴 모텔에 숙소를 정하고 식당에 가서 삼겹살을 2인분 시켜 맛있게 먹고 소면까지 먹었더니 뱃속이 든든했다. 어제 잠을 잔 곳에 비하면 얼마나 좋은지 충분히 피로를 풀 수 있을 것 같았다.

군인용품을 파는 가게에 들어가 따뜻한 장갑을 한 켤레 샀다. 어제 간성에서 산 것은 평상시 사용하기에는 조금 부담스러운 것이라서, 당장 내일부터 끼려고 따뜻한 것으로 하나 더 장만했다. 내륙으로 들어왔기 때문에 기온이 많이 내려갔다는 것을 느낄 만큼 날이 추워졌다.

오늘은 책도 읽지 말고 푹 쉬었다가 내일 다목리 감성마을까지 갈 계획이다. 이곳까지 잘 도착했다고 김희천씨에게 전화를 했다. 그리고 조도의 허소장님과도 통화를 했다. 삼척의 홍상기씨는 연락이 되지 않아 다음으로 미뤘다. 고마운 사람들이 있어서 오늘 내가 여기에서 편히 쉬고 있는 것이다. 허소장님이 어찌나 반가워하시며 전화를 받던지 진즉 한번 연락을 하지 못한 것이 미안했다.

● 2008년 12월 3일 (인제 원통리-화천 다목리: 112km)

오직 이외수 선생님을 만나기 위해

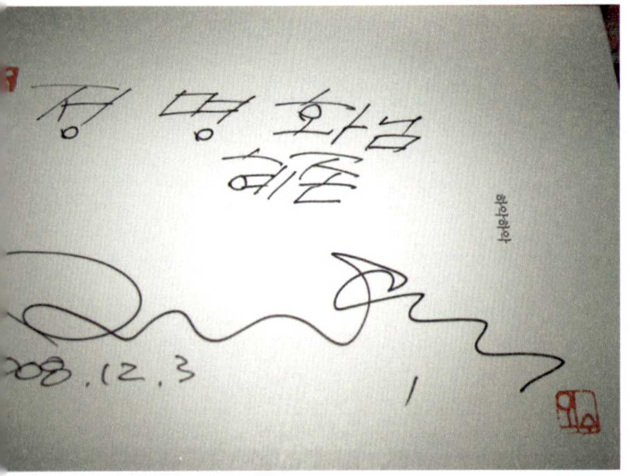

처음부터 오늘 같은 길을 달렸다면 이번 여행을 진즉 포기했을 것이라는 생각을 했다. 오늘은 그렇게 힘든 길을 달렸다.

어젯밤 지도를 보면서 이외수 선생님이 사시는 감성마을까지 하루에 도착할 수 있겠다는 생각을 하고 일찍 출발할 계획을 세웠다. 김치찌개를 아침으로 먹고 8시에 길을 나섰다. 기상예보에서 춥지 않다고 했기 때문에 마스크도 안하고 내피도 안 입고 출발했다. 그런데 2km 정도 달리니까 추워 견딜 수가 없었다. 이곳이 강원도 내륙으로 우리나라에서 제일 추운 곳 중 하나라는 것을 깜박한 것이었다. 길가에 있는 간이 버스 정류장에 들어가 신발을 싸고 내피를 안에 입고 마스크도 쓰고 어제 간성에서 산 장갑까지 끼고 완전 무장을 했다.

버스 정류장 가까이에 있는 삼거리에서 46번 도로가 시작되었다. 어느 길이나 마찬가지였지만 이 길도 잠시 달리던 평지를 끝으로 오르막이 나타났다. 오전이라서 바람이 없어 그나마 괜찮았다. 산속 계곡을 따라 난 길을 달리는데 페달을 계속 밟아줘야 하는 길이었다.

한참 길을 가다가 산불감시원으로 활동하고 계시는 할아버지를 만나

길을 물었더니 한참을 가다가 우회전을 하라고 했다. 그런데 다른 할아버지가 그렇게 가면 평화의 댐으로 들어갈 수 있다면서 다른 길을 알려주었다. 원통에서 15km 정도를 달렸더니 터널 길이가 570m인 광치터널을 만났다. 터널 앞에만 서면 긴장이 된다. 그래서 터널에서는 있는 힘껏 최대한 빠르게 페달을 밟아서 빠져나왔다. 터널을 지나자마자 길은 그야말로 '내리 꽂는다'는 표현이 딱 어울리는 내리막길로 이어졌다. 설상가상으로 햇볕이 들지 않는 음지라서 길이 얼어있어 더욱 위험했다. 간성에서 산 장갑이 너무 둔해서 그동안 끼던 장갑으로 바꿔 끼었더니 음지를 달리는 동안 손이 너무 시렸다. 할아버지들이 길을 알려주신 삼거리를 만나 오음마을로 가는 길을 달렸다.

길은 양구로 들어가는 이정표가 나오는 삼거리 가까이까지 내리막으로 이곳 삼거리에서 이정표를 표니 우회전을 하면 양구로 들어가고, 직진을 하면 간척과 수안이라는 곳으로 들어갈 수 있었다. 나는 양구 방향으로 가야한다고 생각하고 들어섰는데 멀리 보이는 또 다른 이정표를 보니 그대로 직진을 하는 것이 옳다는 것을 알았다. 돌아나와 다시 46번을 달렸다. 길은 소양호 주변을 달렸다. 소양호를 왼쪽에 두고 달리는 이 길은 경치가 정말 아름다웠다. 아름다운 길에 홀려 신나게 달리는데 '여행의 끝이 얼마 안 남았으니 더욱 안전에 조심해서 유종의 미를 거두라'는 이갑봉 형님과 김형길 대장의 격려 전화를 받았다. 참 고마운 전화였다.

간척을 20여 km 남겨둔 곳에서 젊은 산불감시원을 만나 길을 물었더니 지금 가는 길에서 네 개의 터널을 만나야 한단다. 그 중 한 터널은 길이가 3km가 넘는단다. 그 중에 세 개를 안 지나고 갈 수 있는 길도 있는데 그 길은 너무

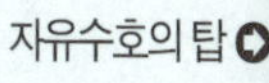
자유수호의 탑

많이 돌아가는 길로 무지 멀단다.

'터널은 정말 지나길 싫은데…….'

"탱크, 너도 터널 가는 거 싫지?"

하지만 어쩌겠는가? 선택의 여지가 없는 길인데…….

터널을 통과하지 않고 돌아가면 오늘 감성마을까지 가려던 계획에 차질이 생길 것 같아 위험해도 터널을 통과할 수밖에 없었다.

산불감시원에게 농담 반 진담 반으로 터널만 차를 태워줄 수 없는지 물었더니 산불을 감시하는 장소를 떠나 움직일 수 없어 불가능하단다. 그냥 한번 해본 소리지만 정말 터널을 네 개나 통과해야 한다는 것은 도살장에 끌려가는 소 같은 심정이었다.

첫 번째 만난 웅진1터널(385m)은 짧은 편이어서 길이를 볼 겨를도 없이 통과했다. 이어서 만난 웅진터널은 1,229m나 되었다. 수인터널 앞에 도착하여 안내판부터 보니 길이가 2,925m나 된단다. 아까 젊은 사람이 3km가 넘는다고 해서 각오는 했지만 길이를 나타내는 숫자를 눈으로 확인하는 순간 긴장이 되어 소변이 마려웠다. 우선 소변을 본 후 덤프트럭 세 대, 화물차 한 대, 그리고 승용차까지 보낸 후 마음을 단단히 먹고 나서 기어를 1단으로 시작하여 빠르게 3단으로 올리며 발에 불이 붙을 정도로 죽을힘을 다해 페달을 밟아 달려 나왔다. 그런데 터널 중간에서도 공사가 한창 진행 중이었다. 공사 중이라는 것이 그렇게 반가울 수가 없었다.

터널을 빠져 나오자 수인리 마을임을 표시하는 빗돌이 반겨준다. 무사히 나왔음을 기념하는 사진을 찍었다. 다시 꼬불꼬불한 내리막길을 한참 동안 달렸더니 네 번째 터널인 860m의 추곡터널이 나타났다. 수인터널이나 웅진 터널은 최근에 만들어진 터널인지 터널 안이 워낙 밝았고 인도가 있어서 좋았는데, 이 터널은 오래된 터널인지 어둡기도 하고 자전거로 달리기에 안전하지 않았다.

터널에서 나오니 화천군 간동면 이정표가 보였다. 간척사거리에서 오음리로 가는 방향으로 길을 들어섰는데 길은 오직 오르막과 내리막밖에 없었다. 삼거리에 있는 남가식당에서 점심으로 김치찌개를 시켰는데 고기와 두부를 넣어 끓인 찌개가 어찌나 깔끔한지 맛있게 먹었다.

식당아주머니는 앞으로는 오르막이 거의 없어서 그리 힘들지 않을 것이라고 했는데, 식당을 나서서 겨우 500m 가니까 오르막이 나타났다. 화천읍으로 들어가는 길도 결코 만만하지 않았다. 가다 쉬고, 쉬면서 물도 먹고, 또 가다 쉬고, 물 마시고를 반복하면서 길을 달렸다. 자전거를 끌고 걷고 싶기도 했지만 차마 걷지 못하고 달린 것은 오직 내 자신에 대한 자존심 때문이었다. 오르막 끝에서 평평한 평지를 달렸다. 그러더니 계곡으로 이어지는 길은 완만한 오르막을 줄곧 달려서야 화천에 도착했다.

화천은 내가 찾아왔던 그 때와 너무 많이 달라져 있었다. 하루가 다르게 변하는 시대에 언제 들렀었는지도 기억할 수 없는 그 때의 모습을 기대한다면 내가 바보다. 변화가 곧 발전이라고 할 수도 있으니 화천도 그동안 많이 발전했다는 것을 알았다. 하지만 변화가 꼭 좋은 것은 아니다. 옛 추억을 떠올릴 수 있는 것이 남아있다면 더 정겹고 반가울 수도 있을 것이다. 거리에서 아저씨께 다목리 가는 길을 물었더니 그곳으로 가는 방법이 두 가지란다. 그런데 내가 물은 곳에서 좌회전을 해서 5번 국도를 타고 가는 것이 좋을 것이란다. 그런데 잠시 후 젊은 사람을 만나 다시 물었더니 우회전을 해서 산양 가는 길로 가는 것이 낫단다. 이 길을 따라 가다보면 고바위진 길을 만나게 되는데 그곳에 다목리로 가는 이정표가 있단다. 그런데 이 길은 정말 험했다. 줄곧 오르막이었다. 화천읍에서 고개까지 거의 10km는 족히 되는 거리인데 지그시 오르기만 했다. 다목리 이정표를 만나기 1.5km 전은 또 급경사였다. 이정표에서는 여기서부터 다목리가 18km란다. 오르막을 오른 후 좌회전을 해야 하는데 급한 내리막으로 이어졌다. 아무 생각도 할 수 없을 만큼 지쳐서 습관적으로 페달을 밟아 길을 갔다.

너무 힘들어 쉬면서 달랑달랑 떨어져 가는 물을 마시고 있는데 부부처럼 보이는 두 사람이 걸어오고 있었다. 길을 물었더니 손가락으로 산을 하나 가리키며 그 고개를 넘어야 한단다. 그건 고개가 아니라 산이었다. 까마득한 높이에 저절로 한숨이 나왔다.

'기인(나는 돌아가신 천상병 시인과 중광스님 그리고 이외수 선생님을 우리나라 3대 기인이라고 생각한다)을 뵈러 가는 길이 이렇게 힘들구나.'

하면서 한편으로는

'이외수 선생님은 왜 그렇게 깊은 산 속으로 들어가 사시나. 이 근방도 충분히 산속이구먼.'

하는 푸념 섞인 원망이 저절로 나왔다. 한참을 아무 생각도 없이 달렸더니 언덕에 올라온 것 같았다. 저 밑에서는 분명 까마득하게 높았었는데 어떻게 이리 쉽게 올랐는지 정말 이상했다. 그런데 정신을 차리고 고개를 든 순간 앞에 떡하니 산처럼 높은 언덕이 나를 향해 비웃듯이 버티고 있었다. 목이 말랐다. 그래서 길옆에 허름해 보이는 집이 있어 들어가 물을 얻었으면 했더니 할아버지 한 분이 나오셔서 산에서 흐르는 물을 받아서 사용하는데 1급수이니까 마음 놓고 받아가란다. 물맛이 정말 좋았다.

그곳부터 언덕 꼭대기까지는 250m 정도 되는 거리인데 자전거를 끌고 걸었다. 정말 쪽팔리는 기분이었다. 하지만 너무나 지치고 힘이 없어서 도저히 자전거를 타고 오를 수가 없었다.

자전거를 끌고 터벅터벅 오르자니 내 모습이 농부에게 끌려 팔려 나가는 소나 다름없겠다는 생각이 들었다. 할아버지께서 이 고개만 넘으면 약간 오르막이 있으나 힘들지 않다고 해서 그나마 희망을 갖고 걸었다.

오르막은 언제나 즐거운 내리막으로 이어졌다. 할아버지 말씀대로 약간 오르막이 나왔다. 잠시 쉬면서 자전거 계기판을 보았더니 104km를 가리키고 있었다. 아까 18km라고 알려주는 곳에서 대충 계산을 해보니 110km 정도면 도착할 것으로 예상했는데 거의 도착한 것 같아 다시 힘이 났다.

다목리에 도착하니 삼거리가 나왔다. 무턱대고 오른쪽 김화 방향으로 들어섰는데 조금 가다가 길을 물으니 잘못 왔단다. 다시 돌아서 나오니 군부대 옆으로 들어가는 길에 물고기가 그려진 감성마을 이정표가 보였다.

그 길에서 비포장도로 조금, 시멘트 포장길 조금, 그리고 아스팔트 포장길을 조금씩 차례로 지나니 TV에서 본 이외수 선생님 집이 보였다. 그런데 입구를 찾을 수가 없었다. 서너 차례 문을 두드렸더니 직원인 듯 보이는 사람이 나와 물었다. 그래서 내 사정을 말하는 중에 사모님께서 나오셨다. 지금은 인터뷰 중이라서 선생님은 나오실 수 없다면서 집 뒤로 돌아서 거실로 들어오란다. 사모님께서 타 주시는 맛있는 차를 마시며 조용히 앉아 기자의 질문과 선생님의 말씀을 들었다.

좋은 때 찾아와서 귀한 말씀을 아주 잘 들었다. 나중에 알고 보니 오늘은 댁에 계시지 않는 날인데 기자들과 인터뷰가 있어서 출타하지 않은 것이란다. 엄청 운이 좋은 것이었다. 나도 전화를 해서 계시다는 것을 확인하고 오는 것이 낫지 않을까 생각도 했지만, 뵙지 못하더라도 찾아오는 것만으로도 의미가 있을 것 같아 무작정 왔는데 이런 횡재가 없었다.

네 사람의 기자들과 이야기가 끝나고 함께 차를 마시는데 오늘 엄청 땀을 많이 흘려서 내 몸에서 나는 땀 냄새가 다른 사람들을 불편하게 할 것 같아 여간 신경이

사가지고 간 하악하악에 사인하시는 선생님 ➡

이외수 선생님과 함께!

쓰이는 것이 아니었다.

선생님께서 어떻게 여기까지 왔느냐고 하시어 내 사정과 그동안 돌아다닌 일정을 대충 말씀드린 후, 평소 좋아하는 분이라서 이번 여행의 마지막에 꼭 들러보고 싶었다고 했더니 대단하단다. 기자들이 선생님 사진을 찍을 때 나보고 대단한 사람이니 같이 찍자고 해서 기념사진도 찍었다.

사모님께서 저녁을 차렸다고 다 함께 먹자고 하는데 아무래도 땀 냄새가, 다른 사람들의 즐거운 식사를 망치지 않을까 염려되어 핑계를 대고 나와 다목리에 있는 목화장으로 숙소를 정했다. 저녁은 근처 식당에서 제육볶음으로 맛있게 먹었다.

• 2008년 12월 4일 (화천 다목리-서울 마천동: 119㎞)

내 자리로 돌아가기

벌써 마지막 날이다. 끝이라고 생각하니 갑자기 급해졌다.

게다가 오늘은 전국적으로 비가 온다는 일기예보가 있었는데 아직 이곳은 비가 오지 않아 더 서둘렀다.

며칠 전 강구에서 삼척으로 갈 때 고생한 것을 생각하면 또 다시 비를 맞으며 자전거를 타고 싶지 않았다. 그렇지만 전력 질주를 한다면 반나절이면 집에 도착할 수 있을 텐데 비를 핑계로 이곳에서 하루를 더 묵을 수가 없어 어쩔 수 없이 오늘은 비를 피할 수 없게 되었다. 사정이 이렇다보니 조금이라도 부지런을 떨면 고생을 덜 할 것 같아 일찍 서둘렀다.

어젯밤 목화장 히터가 시원찮더니 몸이 찌뿌드드한 것이 영 좋지 않았다. 숙소를 정할 때 주인아저씨가 밤에는 따뜻하게 해 준다고 하더니 약속을 안 지켰다. 방에 온기가 적어 빨래를 해도 마르지 않을 것 같아 어제 입었던 옷을 빨지도 못했는데 그 옷을 다시 입자니 찝찝했다. 빨아 둔 것을 입자니 삼척 갈 때 입었던 것으로 두꺼워서 더 쓸릴 것 같아 다시 입고 싶지 않았다. 더구나 어제는 유독 땀을 많이 흘린 날이라서 정말 찝찝했다.

이른 아침이라서 해장국집 밖에 문을 안 열어 순대국으로 아침을 먹고 급히 출발했다. 아직 비가 오지 않는 다목리는 옅은 안개 속에 기온이 푹해서 어제 아침보다 출발하기에 좋았다. 조금 가다가 감성마을을 알려주는 팻말을 보았다.

낯이 익었다. 어제 온 길로 가면 안 되는데 왜 길이 낯익은지 몰라 허둥댔다. 그런데 가만히 생각해보니 어제 김화 쪽으로 길을 가다 되돌아 왔다는 것을 잊고 있었다. 나는 잊는다는 것에 너무 민감해서 순간순간 너무 당황을 많이 한다.

'어이구, 내 정신! 도대체 내 기억이라는 것은 믿을 만한 것이 못된다. 참 슬프다.'

감성마을을 나타나는 그림이 그려진 이정표만 보고, 나는 어제 온 길과 지금 집으로 가는 길을 헷갈린 것이다. 기억을 통거리체 잃어보지 않은 사람들은 모른다. 내가 왜 이렇게 기억하고 다른 것이 조금이라도 나타나면 불안해하고 예민해지는지……. 삶을 송두리째 잃어버렸다가 대부분 기억해냈지만 지금도 나는 자주 자잘한 기억들을 완전히 잃곤 한다. 잃는다는 것은 정말 고통스러운 것이다.

잃어버리는 대상이 경제적인 손실이나 사랑하는 사람일 수도 있고 그리고 나처럼 기억일 수도 있다. 그러나 돈이나 사람을 잃는 것은 고통일 수 있지만 기억을 잃는 것은 고통을 넘어서는 공포라는 것을 경험하지 않은 사람은 결코 이해할 수 없다. 나는 쉽게 만지기 어려운 큰 돈도 허무하게 잃었었고, 젊은 한 시절 목숨처럼 사랑했던 사람도 멀리 떠내 보냈으며, 기억도 잃어 버렸다.

어쩌자고 내 인생은 이렇게 잃는 것 투성이인지 가끔 고개를 들고 하늘을 원망해 보지만 나는 금방 안다. 그 모두가 내 스스로 어리석었기 때문이라는 것을 말이다.

하지만 아직도 난 기억을 잃는 공포에서 벗어나지 못했다. 아니 벗어날 수 없다는 것을 알고 있다. 그래서 난 종종 두려움에 휩싸이게 되고 기억되지 않는 짧은 순간 순간에 전율하게 된다. 이 공포는 내가 죽을 때까지 함께 해야 할 것이다.

사내면 사창리를 향해서 올 때 3km 정도의 된 오르막을 오른 후에는 줄곧 내리막으로 길이 이어지기도 했지만 워낙 무난한 길이어서 시속 60km나 속력이 났다. 사창리에 도착하기 바로 전부터 비가 내리기 시작하여 배낭에서 우비를 꺼내 입었다.

사내면 사창리를 지나 만난 삼거리에서 한쪽은 철원으로 가고 다른 한 길은 일동과 이동 그리고 서울로 가는 방향으로 그 길을 들어섰다. 이 길을 달릴 경우 광덕계곡을 지나야 하기 때문에 처음에는 가지 않으려고 했지만 서울로 가는 가장 빠른 길이라 어쩔 수 없이 달리게 되었다. 삼거리에서부터 길은 오르막으로 이어졌다.

우비를 입어서 몸이 더욱 둔해진데다가 몸의 열이 빠져 나가지 못하니까 후끈거리고 고글로 달려드는 빗방울이 앞을 가리기까지 하니 정말 힘들었다. 광덕고개에서 몇 번이나 쉬고 싶었지만 이 고개만 넘으면 집에 금방 갈 수 있다는 생각에 신들린 사람처럼 페달을 밟아댔다. 그렇게 밟다보니 고개를 넘어야 한다는 생각은 곧 사내들만이 느끼는 어떤 절박한 일념으로 다가와 꼬불꼬불한 오르막길을 죽기 아니면 살기라는 생각으로 악에 받친 사람처럼 밟아댔나보다. 어느 순간 정신을 차리고 보니 이미 고개를 넘고 포천시 이동면에 도착하고 있었다.

이 부근은 처갓집이 가까운 곳이기도 하고 전부터 자주 이용하던 길이라 낯이 익어 좋았다. 이동에서 일동으로 향하여 오다가 새로 만든 길로 들어섰다. 아침만 해도 이곳에서 옛길을 달려 처갓집을 들를 생각이었지만 비를 맞아서 꾀죄죄한 모습으로 들어서는 모습을 보이고 싶지 않았다. 길은 평지나 다름이 없어 자전거는 엄청난 속도로 달렸다. 우비를 입어서 안에는 젖지 않았지만 속도를 줄이면 한기가 들어 오한이 날까 봐 무턱대고 밟아댔다.

남양주에서 옛길로 빠져 팔당대교를 건넌 후 미사로를 달리다가 신장사거리에서 좌회전을 했다. 신장초등학교 사거리에서 다시 국도 43번을 만난 후 황산 삼거리를 지나고 길동자연생태공원 사거리에서 좌회전한 후 서하남 IC사거리에 도착하면서 아내에게 전화했더니 연결이 안되었다.

애들은 학교에 가있고 열쇠가 없는 나는 집에도 가게 사무실에도 들어갈 수가 없었다. 겨울비를 맞으면서 너무 오래 달려서 한기에 몸이 사시나무처럼 떨리는데 당장 옷 갈아입을 곳이 만만찮아 난감했다. 하는 수 없이 덤 스포츠로 갔다. 비에 젖지는 않았지만 우비 속 내피는 비 맞은 것 이상으로 젖어서 이가 덜덜거리며 떨렸다.

여행은 그렇게 끝이 났다.

저녁에 집으로 돌아오니 도연이가 반갑게 나를 맞아주었다.

'아버지 없을 때는 네가 우리집 가장이다.'

라고 늘 가르쳤고, 이번 여행 중에도 통화를 하면서 또 그런 말을 했는데 의연한 모습으로 나를 맞아주는 장남 도연이를 보니 긴 여행에서 쌓이고 쌓인 피로가 씻은 듯 사라지는 것을 느꼈다.

역시 우리 아이들은 내 삶의 에너지이자 희망이다.

내가 여행한 길 (노란색 선)

2·0·0·8·자·전·거·여·행

두 바퀴로 구르는 삶

발행일 · 2009년 6월 1일

글·사 진 · **정 명 화**
편 집 장 · **박 옥 주**
편 집 팀 · **김 윤 정**
펴 낸 이 · **박 종 현**
펴 낸 곳 · **세계문예**

등록일 · 1998년 5월 27일 (제7-180호)
대 표 · 995-0071 편집부 · 995-1177
영업부 · 995-0072 팩 스 · 904-0071
주간실 · 995-0073

E-mail · adongmun@naver.com
· adongmun@hanmail.net
Homepage · www.adongmun.co.kr

(132-033) 서울시 도봉구 쌍문3동 315-402

은행지로 · 3005853

ISBN 978-89-88695-83-8